DREAMS COME TRUE

願いを叶える「月眠り」の魔法

月の波動で夢を叶える〝眠りのメソッド〟

ティッツェ幸子
SACHIKO TITZE

はじめに

あなたにとって「夢」はどんな存在ですか？

「希望の光」「甘い妄想」それとも「やる気の源泉」もしくは「遠く手の届かないもの」？

「夢」に対する印象は人によって様々ですが、「夢」は人生を充実させるパワーを持っています。これはとてつもない大きな夢であっても、ささやかな夢であってもです。

この本で、お月さまの満ち欠けに合わせながら自分と向き合うことで、やりたいことが見えてきます。

お月さまのエネルギーを感じながら「夢」を描き、月の満ち欠けの波動に合わせて行動することで、夢がどんどん叶っていくのです。

月の波動に合わせて「潜在意識」を上手に使い、あとは委ねる。必死に努力して目標を達成するのとは違う次元で、ワクワク楽しんでいるうちに夢が叶ってしまう。そんな体験をあなたにもぜひして欲しいと思っています。

私は 20 代の頃、自分が本当にやりたいことは何なのかが分からずに悩み続けました。30 代に入り、天職が見つかり、独立を夢み

た直後にまさかの離婚！　人生のドン底を味わい、必死に努力し続けました。**そんな私が「潜在意識」の使い方を学び、月の満ち欠けを意識しながら行動するようになったら、人生と仕事がどんどん好転していったのです。**

人生のパートナーと出会い、国際結婚。子どもを授かり、世界がぐんと広がり、人生が豊かになりました。また、多くの方から仕事も応援してもらえるようになり、自分の努力以外のところでもどんどん成長していくことができました。

「今までの経験や現状がどうであれ、未来はいくらでも変えられる！」

私はそれを心底信じています。なぜなら、自分自身だけではなく、セミナーやコーチングを通じて多くの方の変化を目の当たりにしてきたからです。

自信のない方、やりたいことが分からない方でも、この本に書き込んでいくことで、自分の「夢」が見えてきて、ワクワクする人生が始まっていくことでしょう。

あなたの人生が更に楽しく、豊かになっていくことを心から願っています。

もくじ

【月のリズムだから、夢が叶う！１】

潜在意識と眠りの関係

眠りながら夢を叶えられる!?

眠りながら夢を叶えられたらいいと思いませんか？ そんなに調子のいい話なんて、本当にあるのかしら？　と疑問に思った方もいるかもしれませんが、**眠っている間に「潜在意識」を上手に使うこと**で、それは可能になるのです。

人の意識は、みずから意識できる「顕在意識」と、意識できない「潜在意識」の２つから成り立っていますが、なんとその **97%以上が「潜在意識」**なのです。

私たちは頭で色々と考えているつもりでも「顕在意識」はたった３％以下にしか過ぎないのです。よく氷山の絵にたとえて説明されることもありますが、意識できることなんて本当にちっぽけ。無意識で行っていること、つまり「潜在意識」で行われていることはとても多いのです。

さらに、こんな経験はないですか？

昨日はお酒を飲みすぎて、お店を出た後の記憶が全くない……、なのにちゃんと家に帰ってきていた!?　これってスゴイことですよね。無意識のうちに「潜在意識」はあらゆるところで仕事をしてくれているのです。

このように私たちの生活の中には、「潜在意識」によって行われていることがたくさんあるのです。

また、「潜在意識」はボリュームが大きいだけではなく、情報処理のスピードが格段に違います。なんと**「潜在意識」は「顕在意識」の 50 万倍もの速さで処理ができる**と言われています。 50 万倍 !?　一体どれだけスゴイのかイメージさえもできないかもしれませんが、とにかく仕事が速くて優秀なのです。

このように、「潜在意識」はボリュームも大きい上に、仕事も速い !!　だからこそ、あなたの夢を叶えるために、ちゃんと使ってあげることで、**夢は思っていたよりも早く、そして簡単に叶えることができる**のです。

「眠り」で潜在意識を活用する

この**「潜在意識」を上手に活用するためには、しっかりと眠ることが重要**です!! ではここから、なぜ、眠ることが大事なのかをお伝えします。

「潜在意識」の特徴の１つに、「書き込まれた情報を愚直に遂行する」というものがあります。だから、あなたのやりたいことや、夢をしっかりと「潜在意識」に刻んでしまえば、あとは「潜在意識」がどんどん働き出すのです。すると、自分の意思で頑張って努力するよりも早く、楽に目標を達成することができてしまいます。

私はセミナーで、これらのことをお伝えしていますが、受講生の方々はその成果に本当に驚いています！ ずっとフラれ続けて自信をなくしていた女性が、あっという間に結婚が決まったり、なかなか成果が出なかった転職活動も、理想通りの職場から内定が出たり、フリーランスの方は、長年の夢だった仕事が舞い込んできたりするのです。

「顕在意識」レベルで考えて努力するよりも、「潜在意識」にしっかりと働いてもらえば、よりスムーズに夢は叶っていくのです。

さて、**ではどのように「潜在意識」に情報を書き込んでいけばいいのでしょうか？**　これは脳の仕組みに関連しています。

「潜在意識」に情報を刻み込むとは、脳科学的に表現すると「長期記憶」に保存されることになります。「長期記憶」に一度保存されると情報は二度と消えることなく、必要なタイミングで必要な情報が取り出せるようになっています。

この「長期記憶」へ情報を移動させるのが、脳の中の「海馬」と呼ばれる部分です。「海馬」は簡単に言うと記憶の整理係。人が１日で得た大量の情報の中から、必要な情報とそうでない情報に仕分けをしています。そして、本当に必要な情報だけを格納し、あとはごっそり捨てているのです。

この情報の整理は、眠っている間に行われています。そして、24時間分の情報整理をするには、約６時間必要だと言われています。

つまり６時間以下の睡眠時間では、「海馬」に情報整理をする時間を十分に与えられないのです。すると「海馬」は情報を仕分けることなくごっそりそのまま捨ててしまう……ということが起きてしまうのです。

だから「海馬」にしっかりと働いてもらい、「長期記憶（潜在意識）」に情報を刻むためにも、しっかりと眠ることはとても重要なのです。忙しい時は、つい睡眠時間を削って頑張りがちですが、これでは**「潜在意識」を十分に使うことができません。逆にしっかりと眠る方が成果を出しやすくなるのです。**

また「潜在意識」は眠っている間も不眠不休で働いているので、上手に使ってあげると、眠りながらも、どんどん夢に向かって進んでいけるのです。具体的にどのようにしたらいいかはp.174を見てくださいね。

あなたの眠りの質は大丈夫？

眠ることの大切さを理解していただけたかと思いますが、長さだけではなく**「眠りの質」**も大切です。

どうしたら「眠りの質」を高めることができるのでしょうか？特に大切なのは**最初の90分**です！　『スタンフォード式 最高の睡眠』西野精治著（サンマーク出版）では、最初の90分を「黄金の90分」と呼んでいるほど重視しています。

人は眠りに落ちてから目覚めるまでの間に、ノンレム睡眠（脳も身体も眠っている睡眠）とレム睡眠（脳は起きていて身体が眠って

いる睡眠）を約 90 分サイクルで繰り返しています。

最初のノンレム睡眠が一番深い眠りで、朝方になるにつれて眠りが浅くなるのです。この**最初のノンレム睡眠をしっかりと深くすること**ができるとその後の睡眠リズムも整い、自律神経やホルモンの働きもよくなります。

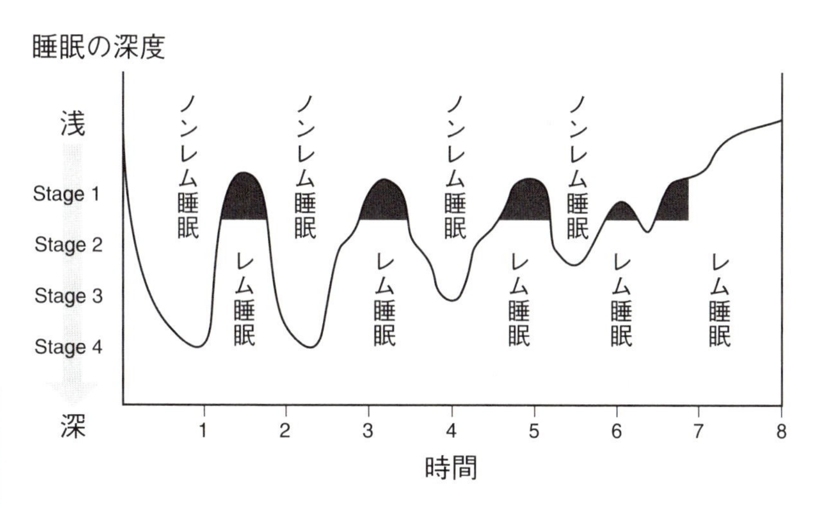

参考：『スタンフォード式 最高の睡眠』西野精治著（サンマーク出版）

最初のノンレム睡眠を深くする２つのポイント

少し意識するだけで、睡眠の質は良くすることができます。

１）日中は光を浴び、寝室は真っ暗にする！
２）昼寝は 30 分以内！　電車の中では寝ない！

１つ目は、寝室は真っ暗にすることです。これが意外と重要。豆電球のようなごくわずかな光があるだけでも、**熟睡を促すホルモン「メラトニン」**の生成量が減ってしまうのです。

メラトニンは、夜になると徐々に分泌が増え、夜中に最大となります。夜、メラトニンがたくさん分泌されることは、よい眠りに不可欠なのです。また、夜、メラトニンがたくさん分泌されるためには、メラトニンの材料であるセロトニンというホルモンが日中にしっかりと分泌される必要があるのです。

セロトニンは光を浴びることで分泌されるので、**日中はしっかりと光を浴び、そして夜寝る時は真っ暗！**　これが一番なのです。意外とシンプルですよね。

だから、寝室は真っ暗にして眠るようにしましょう。もし外から光が入ってくる場合は「遮光カーテン」にするなどの工夫をするだけでも、眠りの質はぐんと変わってきます。

2つ目のポイントは「昼寝」です。「昼寝」は午前中の疲れを取り、集中力をアップするのにとても効果的と言われています。NASA の研究によると 26 分の仮眠によって、仕事効率が 34%アップ、注意力が 54%アップしたそうですが、**30 分以上寝てしまうと、逆効果**になってしまうのです。

なぜなら、30 分を超えると、深いノンレム睡眠に突入してしまうからです。すると昼寝のあとに眠気が取れないだけではなく、夜の眠りにも悪影響を及ぼします。

一番深いノンレム睡眠は、1日に1回しか来ません。日中に寝すぎてしまうと、中途半端な深さのノンレム睡眠になってしまい、夜のノンレム睡眠が深まらないのです。同様に、帰宅時の電車の中の居眠りも要注意です。夜に深いノンレム睡眠にするためにも、昼寝や帰宅時の居眠りの長さには注意してくださいね。

また、睡眠時間が短い人で、電車の中で行きと帰りの1時間ずつ寝れているから大丈夫！ と思っている方もいますが、同じ6時間であっても**細切れの6時間と続けて寝る6時間では質が違う**ので、ぜひできるだけ夜6時間続けて寝られるように、スケジュールしてください。

眠りの質がグンとよくなる眠る前の過ごし方

さて、眠る前の過ごし方を少し工夫するだけで、眠りの質はよくなります。そのコツは次の３つです。

1）間接照明やキャンドルを使ってリラックスタイム！
2）お風呂に入って身体をポカポカに！
3）寝室を素敵にコーディネート！

1）間接照明やキャンドルを使ってリラックス！

蛍光灯などの青白い光は、メラトニンの分泌量を減らしてしまいます。だから、眠る前の時間は間接照明などを使い、やや暗めの部屋でゆったりと過ごしてみてください。少し暗めかも？　と思うぐらいの方が、眠りに向けての準備が整っていくのです。また、キャンドルなどの優しい光もお勧めです。

夫の国、ドイツでは間接照明が主流で、部屋全体を明るくするような天井照明はほとんどありません。夜はほんのりとした灯りの中で会話を楽しんだり、本を読んだりしています。

あなたもよかったら灯りを調節して、眠りの準備をしてみてください。眠る前の時間をていねいに過ごすことで、眠りの質を上げていきましょう。

2）お風呂に入って身体をポカポカに！

ゆっくりお風呂に入り、リラックスすることで、慌ただしかった1日から解放され､眠る準備をしていきしょう。入浴には身体的にも良い眠りに入っていける理由があるのです。

人間の身体は**「皮膚温度」と「深部体温」**があり､日中起きている時は2℃ぐらい「深部体温」の方が高くなっています。そして眠る時はその２つの温度が近くなるのです。つまり、「深部体温」が下がることで眠りに落ちていくのです。お風呂に入ると一時的に「皮膚温度」が上がり、その熱を放出しようと「深部体温」が下がり出します。「皮膚温度」をあげながら熱を放出して、「深部体温」が下がっていっている状況なのです。

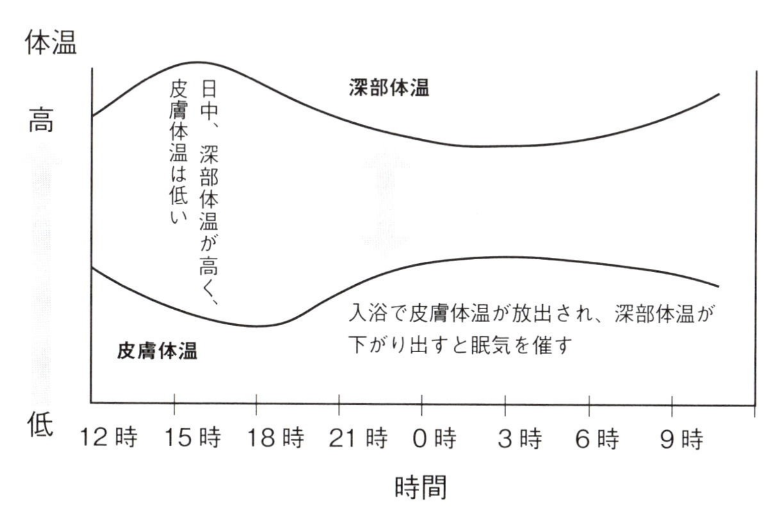

参考：『スタンフォード式 最高の睡眠』西野精治著（サンマーク出版）

ですから、お風呂で温まることで、上手に「深部体温」を下げることができるようになるのです。ただし、「深部体温」が下がり出すまでに少し時間がかかるので、**寝る 90 分前ぐらいには入っている**のがおすすめです！ 「寝る前にそんなに時間がとれない！」という方は、ぬるいお風呂で短めにするか、シャワーで済ませるのもおすすめです。

3）寝室を素敵にコーディネート！

寝室をただ眠るだけの部屋ではなく、最高の眠りを得られる素敵な部屋にコーディネートするのもいいでしょう。

寝具の良し悪しで、眠りの質は変わってきます。多少お金をかけても良い物を選ぶと、眠りの質も上がります。また、香りや音などで演出するのもいいですね。間違ってもカビくさい部屋などは絶対に NG!! アロマやお香などのいい香りで空間を整えましょう。**五感の中で、唯一、情動にダイレクトに伝わるのが「嗅覚」なので、良い香りは脳に良い影響を与えることができる**のです。

水の流れる音や観葉植物を置いて、リラックスできる部屋にするのもおすすめです。特にサンセベリアなどの CAM 植物は（サボテン科、パイナップル科など）夜間に二酸化炭素を吸収し、酸素を排出するので、寝室の空気を新鮮に保ってくれます。

ちなみに、寝室にはTVやパソコンを置いたり、スマホを持ち込むのはNGです。なぜなら、**パソコンやスマホからの強い光は脳を覚醒させてしまう**恐れがあるからです。また、眠る空間と活動する空間をしっかりと分けることも大切。この部屋に入ると眠るんだと脳が覚えてしまえば、入ると同時に眠たくなってきます。だから、**寝室で仕事をしたり、別の何かを持ち込むのはやめましょう。**

スマホを目覚ましに使っているから枕元にないと困るという方は、別に目覚まし時計などを用意するか、もしくは、スマホが電波を発しない「機内モード」にして、頭から遠い場所に置くようにしましょう。

知らないとしてしまいがちですが、ちょっとした違いで眠りの質は変わってきますので、ぜひ、最高の眠りの空間を作ってみてください。

やめたほうがいい！　眠る前の３つの過ごし方

逆に、眠る前の過ごし方で絶対にやめた方がいいことをお伝えします。以下を改善するだけでも、眠りの質はぐっと上がります。

1）寝る前のスマホやパソコン！
2）TV のニュースやサスペンスドラマを観る
3）１日の反省をする

1）寝る前のスマホやパソコン！

寝る直前までスマホをいじっていたり、パソコンを見ていることはありませんか？　**実はこれ、最悪なのです！**

スマホやパソコンの光、ブルーライトは睡眠を妨げます。これはボストンにあるブリガム・アンド・ウィメンズ病院の研究でも明らかになっていますが、ブルーライトは体調や集中力、また睡眠のリズムに反映される体内時計にマイナスの影響を与えるのです。また**寝る前に２時間以上、ブルーライトを目にしていると、メラトニンの分泌量が著しく減り、睡眠サイクルも乱れてしまう**のです。

だから、できるだけ眠る２時間前から、スマホやパソコンを使わずに過ごしましょう。

2）ＴＶのニュースやサスペンスドラマを観る

TV 自体も頭を活性化させてしまうので、眠る前に観るのはよくないのですが、ニュースやサスペンスドラマは特にやめた方がいいです。**眠る前に見た情報は、より潜在意識の中に入りやすい**ので、残虐なニュースや殺人事件などのサスペンスドラマなどは、脳に悪い影響を及ぼしてしまうからです。

その代わりに、本を読む、家族との会話を楽しむ、など別の時間の使い方をしてみてください。

3）１日の反省をする

１日の終わりに「今日はこんな失敗しちゃった……」とか「あんなこと言わなきゃよかった」などとできなかったことや失敗してしまったことを反省したり、悔やんだりしていませんか？

実はこれは**潜在意識に失敗したことやダメな自分を刻み込んでしまうので、NG** なのです。

１日の終わりには、今日できたことやよかったことに意識をフォーカスさせていきましょう。いいイメージで眠りに入るのはとっても大切なのです！　もしくは、**今日１日を振り返って感謝できることを思い浮かべてみる**こともおすすめです。

【月のリズムだから、夢が叶う！2】

月と心の関係

月のリズムを感じ、取り入れる

あなたは、月のリズムを感じながら生活をしたことはありますか？　月のリズムって一体何？　と思われた方もいるかもしれませんが、月のリズムを感じながら生活をすると、自然のリズムと調和ができるようになるのです。

本来、**私たちの体内時計は1日25時間。月のサイクルも25時間**。しかし、私たちは太陽のサイクル、1日24時間で日々を過ごしています。つまり毎日1時間のズレを調整しているのです。人はもっとスローなペースで過ごすことが、本来のリズムなのです。だから、**月のリズムを取り入れることによって、自然の状態に近づき、本来持っている潜在能力を発揮しやすくなる**のです。

イチローがバッターボックスに入ってからする一連の動作やタイガー・ウッズの歩くテンポは、実は月のリズムのテンポと同じだとも言われています。

また、**月の周期は 29 日半**。太陽の光を受けて輝きを放つ月ですが、太陽との位置関係によって見える形が変わるとともに、**エネルギーも変化します**。何も見えない新月から始まり、三日月、上弦の月と徐々にエネルギーが大きくなり、そして一番エネルギーが大きくなるのは、まんまるの満月。満月を眺めるとそのエネルギーを感じられることでしょう。

そして、月が欠けていくのと同様に無駄がどんどんそぎ落とされ、そして次の新月に向かう。これがまさに月のリズムですが、私たちも知らないうちに影響を受けています。

地球は月の引力の影響を強く受け、月の満ち欠けに合わせて、海は満ちたり引いたり水位が変動しています。地球の約 70%が海であるように、人間の身体も約 65%が水分なので、**地球同様に身体も心も大きな影響を受けている**のです。

例えば、女性の月経周期の平均は 29 日半。これは月の周期とほぼ同じなのです。また、満月の日、エネルギーが最大になるように、海は満潮になり、ウミガメやサンゴ礁の産卵が始まります。同様に人間も、満月の日は 1 割以上出生率が高いそうです。また、満月を見て血が騒ぐオオカミ男ではありませんが、凶悪犯罪や交通事故が増えるというデータもあるのです。

また、**ダイエットも月のリズムを意識した方が成功します**。新月から満月に向けては、月が膨らんでいくように、食欲が増大するので、ダイエットをしようと思ってもなかなかうまくいきません。

しかし、満月をすぎた後は月がどんどんスリムになるように、自然と食欲も落ち着いてくるので、すんなりダイエットもしやすくなるのです。

ですから、**月のリズムを感じて取り入れながら、そして反応する身体の声に耳を傾けながら生活をしていくと、自然といい流れに乗れるようになる**のです。

昔の人は、月の暦をよみながら行動をしていた

私たちの祖先は、月の暦を意識しながら生活をしてきました。例えば、種まきや植え付けも新月・満月が目安とされていたのです

「お月見」は平安時代に中国から伝わったと言われています。この時代の貴族たちは、欠けて満ちる月を見て生や不死の象徴と考えて愛し、詩歌を詠んでいました。江戸時代には、農作物の収穫期と重なることから、豊作を祈る収穫祭を行う日として庶民に親しまれ、一般家庭にも広まっていったのです。

ところで、なぜ月見団子を食べるか知っていますか？　団子が月と同じように丸く、欠けても満ちる月を生や不死の象徴と考え愛してきた名残から、それを食べることで健康と幸せを得られるという想いが込められているのです。

またススキを飾ることにも、実はちゃんと意味があるのです。ススキは稲穂の代わりとして飾っているのですが、そこに子孫や作物の繁栄を見守ってくれる月の神様が降りてくると考えられているのです。

もしかしたら、私たちはお月見の意味などあまり知らないままお団子を食べていたかもしれません。また、気づいたら「十五夜」がすぎていた！　なんてこともあるかと思います。でも、せっかくなら、素敵な日本文化を受け継ぎながら、月を愛でることを楽しんでみませんか？

月を愛でる生活をしてみよう

お月見、中秋の名月というと秋に１回しか訪れませんが、満月は年にほぼ 12 回、ときに 13 回やってきます。満月の日には、光り輝くお月さまを眺めて、エネルギーを浴びてみてはいかがでしょうか？

満月の日に摘み取った薬草は強いパワーを持っていると言われていたり、世界三大美女の１人と言われているエジプトの女王クレオパトラも、入浴後に香油などを身体に塗って月光浴することで美容効果を高めていたと言われています。

また、**月の光には、人の思考や感情に働きかける作用があります**。その１つには、月の光を浴びることによって、脳内物質であるセロトニンが分泌されるのです。**セロトニンとは、人間の心のバランスを整える幸せホルモンと呼ばれている物質**で心の安定を図ります。だから、月光浴をしているだけで、心が満たされていくことが起きるのです。

また、心にたまっている**負のエネルギーを浄化させるパワー**も持っています。そう、心のデトックスができるのです。

満月の日は、夜空を見上げて大きく深呼吸をしてみてください。そして降り注ぐ月のエネルギーを浴びながら、感謝の瞑想をしましょう。瞑想と言っても難しく考えなくて大丈夫です。ゆったりとした呼吸を続けながら、今感謝できることを頭の中で思い浮かべるだけでいいのです。

多忙な毎日を過ごしている私たちは、いつも時間に追われてしまい、月を眺めながらゆったりと過ごす、そのような時間が欠けているのかもしれません。スマホばかりを見ているそんな生活から、ふと顔をあげ、月を愛でることであなたに豊かな時間が流れ始めることでしょう。

【月のリズムだから、夢が叶う！3】

身体のリズム

女性のカラダは月のリズムと同じ !?

月のリズムと女性の身体のリズムは、ほぼ同じ周期で 29.5 日。月が新月で新たなサイクルが始まるように、女性の身体も月経で新しく生まれ変わります。

月のリズムに合わせて、身体のメンテナンスをしていくと、とてもいい流れに乗ることができるのです。

新月は体内の浄化、デトックスタイム

新月の日。この時のキーワードは**「浄化」**や**「新生」**。**身体の中にある古いものを出してリセット**するといいでしょう。そのため、朝は食物繊維がたっぷり含まれたバナナやりんご、旬のフルーツなどがおすすめです。**水分を多め**に摂り、**食事は少なめ**にすることでデトックスしやすくなります。

また、揚げ物など油を使う食事は避け、茹で野菜や海藻サラダ、また豆腐や豆類などがおすすめ。空腹を感じにくい日なので、**プチ断食**にも向いています。また、禁煙、禁酒などを始めるのにも効果的な日です。

お肌の生まれ変わり、ターンオーバーも月の周期とほぼ同じ 28 日。新月の日には、お肌にある不要な角質を取り除く**ディープクレンジングやピーリング**などを行うと効果的。不要な角質を除去するからこそ、新しい細胞が生まれるのです。そう、まさに「浄化」と「新生」。ターンオーバーのサイクルが整ってきます。

新月のお風呂は、多めに**あら塩**を入れて心と身体を清めましょう。最後に不浄なものが足元から流れでていくように冷水で流しましょう。「新生」のタイミングなので、新しい目標を立てたり、物事をスタートさせるのにとてもいい時です。

上弦の月に向けて、気力体力が充実！

月が満ちていくのと同じように、私たちの身体も吸収力や蓄える力がアップします。身体の中で強化したい部分がある人は、この時期に取り組むとしなやかな**筋肉**を作ることができます。ただし、吸収しやすい時期なので、**暴飲暴食には要注意**です。

オーガニックの野菜や、普段不足しがちなビタミン、ミネラル、カルシウムを積極的に摂るようにしましょう。おすすめは**納豆、オクラ、山芋**などのネバネバしたものや海藻類。油も**ココナッツオイル**などビタミンが豊富なオイルがおすすめです。

また、**むくみ**も気になる時期になるので、積極的に運動をして、汗を流すようにしましょう。

精神的にはポジティブなエネルギーが満ちてくる時期なので、新月に立てた目標に向けてどんどん取り組んでいける時期です。多少の失敗も乗り越えられるパワーを持っている時期なので、どんどん挑戦していきましょう！

満月は吸収力が最大化！

満月のキーワードは「吸収」。月のエネルギーが最大になるのと同様に、**身体の吸収力も最大**になります。栄養をよく吸収できる時期なのですが、言い換えると最も太りやすい時期です。だからこそ、よく噛んで食べ、満腹中枢を刺激し、お腹がいっぱいになったという満足感を得られるように心がけましょう。

また、吸収力が最大になるこの日のお肌のケアは、保湿パックなど、いつもよりスペシャルなケアをすると効果が上がります！

このタイミングは活力がみなぎるのですが、気分も高揚しやすく**喜怒哀楽**が激しくなります。つまり、**気持ちが不安定になりやすい時**でもあるのです。ゆっくりお風呂に入ったり、ストレッチをするなど、身体をほぐしてバランスをとることも大切です。

下弦の月に向けて、身体も心もそぎ落とす

下弦の月のキーワードは「解毒」「排出」。身体の中の毒素が排出されやすい時期です。いつもよりも**水分を多め**にとり、肝臓を休ませてあげるために**お酒も控えめ**にするのがいいでしょう。またこの時期は食欲が落ち着く時なので、**ダイエット**に取り組むと結果が出やすいです。

また、**デトックス期**なので、岩盤浴で汗を流したり、リンパマッサージなどで毒素を排出するようにしましょう。レモングラスのハーブティはリンパの流れを良くし、疲労感や不安感を解消してくれるので、おすすめです。

また、1つのサイクルを終息させていく時期になるので、**身の回りを片付けたり、整理整頓**するのにいいタイミングです。この時期は疲れも出やすいので、頑張りすぎずに過ごしましょう。

【月のリズムだから、夢が叶う！4】

夢の見つけ方

本当にやりたいことって何？

「私の夢って何だろう？」と悩むことはありませんか？

私らしく輝きたいけれど、それが一体何なのかが分からない。実はこのように思っている女性はとっても多いのです。

やりたいことが見えずに悩むというのは、本当はもっとどこかにエネルギーを向けたい！　と思っている証拠。つまり、あなたは、自分が思っているよりも大きな可能性を秘めているのです。それを発揮しきれていないから、モヤモヤしているのです。

だから、**このモヤモヤした感覚は、あなたにとって大切なメッセージ**。自分の本当にやりたいことを見つける、最高のチャンスです。自分には大した能力がないから……という「思考の枠」で制限してしまうのはとってももったいないことです。

今までの経験や他者の評価などから、**自分にできそうなことはこの程度だという無意識の「思考の枠」を作っています**。これは誰にでもあることなのです。

でも、あなたが今、「このままでいいのかしら？」とモヤモヤしているならば、それは、「思考の枠」を出るべきタイミングなのです。

あなたの中には、必要な答えがもうすでにあるはずです。「いや、そんなの無理に決まっている」とシャットアウトしていることはありませんか？　あなたが本当にしたいことって何でしょうか？

ぜひ、自分に問いかけてみましょう。
「もし、なんでも可能だとしたら、本当はどうしたいのだろう？」

自分と向き合うことは、時には面倒で、時には苦しいかもしれません。しかし、自分の本当に望む方向性が見えたら、あなたはそこに全力投球できるのです。あなたのエネルギーを存分に発揮できるのです。

自分の内側に意識を向けて、本当に自分がしたいことは何なのかと向き合うと、本当に必要な答えが次第に見えてくるのです。

やりたいことのヒントは過去にある!?

自分が本当にしたいことは何かを見つけ出したい時は、「過去」にヒントが隠されていることがあります。

例えば、子どもの頃に夢中になっていたことはどんなことでしょうか？　一度思い返してみましょう。どんなことが好きで、何にハマっていましたか？

それがそのままやりたいことに直結しているとは思いませんが、そこにある要素は今も変わらず大切にしたいことかもしれません。例えば、子どもの頃にモノを集めるのが好きだった方が、気づいてみたら今アロマセラピストとしてアロマを集めていたとか、探検ごっこが好きだった方は、今も新しいことに挑戦するのが好き！　など。子どもの頃の自分を振り返ることで、自分の好きなことが見えてくることもあるのです。

そこにはどのような要素があったから、あなたは喜びを感じたのでしょうか？　そのように解明していくと、「過去」の自分から、やりたいことのヒントが見えてくるかもしれません。

あなたが素敵だと思うのはどんな人？

もう１つの視点で、自分のやりたいことや望んでいることを探ってみましょう。あなたが素敵だと思う人や憧れている人は誰ですか？

一緒に仕事をしているような身近な先輩でもいいですし、女優やモデル、もしくは歴史上の人物でも大丈夫。さて、あなたの憧れの人はどのような人が思い浮かびましたか？

そして、それらの人のどのような部分に惹かれているのかも考えてみてください。例えば、「いくつになっても女性らしい可愛らしさを持っている！」とか「３人の子どもを産んだとは思えないほど、抜群のスタイルをしている！」とか「仕事に対する情熱と誇りを持っている！」など。一体どんな**要素**に憧れたのでしょうか？

そして、その要素が、まさにあなたが望んでいることではありませんか？

例えば、「いくつになっても女性らしい可愛らしさを持っていたい！」とか、「子どもを産んでも抜群のスタイルをキープしていたい！」とか「仕事に情熱と誇りを持っていたい！」などです。

そしてそれらの要素を、すでにあなたの中に持っているのです。

「これだけはイヤ！」を書き出してみよう

それでもまだ、本当にやりたいことが見えてこない……という方は、**「これだけはイヤ！」**と思うものを書き出してみましょう。

例えば、

「誰にも必要とされずに、ひとりぼっち」
「いつもお金がなくて困っている状況」
「何の変化も成長もせずに時間だけが過ぎていく」

ここに書き出したことはあなたが絶対に避けたいイヤなことですが、この裏側にはあなたの望んでいる状況が隠れています。

例えば、「誰にも必要とされずに、ひとりぼっち」は、誰かに必要とされて、大切な仲間に囲まれていることを望んでいるということかもしれません。また「いつもお金がなくて困っている状況」の裏側には、いつもお金と心に余裕がある状況を望んでいるのかもしれません。また、「何の変化も成長もせずに時間だけが過ぎていく」の裏側には、変化や成長を望んでいるのかもしれません。

まずは**自分が絶対に避けたいイヤなことは何か、そしてその裏側にはどんな望みが隠れているのか、自分の本当の望みを探っていきましょう。**

10年後の自分なら何をアドバイスする？

突然ですが、高校生の時の自分に会えるとしたら、あなたはどんなことをアドバイスしてあげたいですか？

「もっと本を読んだ方がいいよ！」
「海外留学するなど、若いうちに世界を見ておいた方がいいよ！」
「親孝行できるのも今のうちだよ」

きっと今の自分だからこそ見えていること、知っていることを色々と話してあげることができますよね。

では、**ここからは逆に未来の自分からアドバイスをもらってみましょう**。これから10年、あなたは日々最高の時間を過ごすことができ、理想の姿に成長していたとイメージしてみてください。可能、不可能はあまり考えずに、本当に素敵に時間を重ねていくことができたとしたら、どんな自分になっているでしょうか？

なんとなくイメージできましたか？　どんな気分でしょうか？そして、思いっきり妄想のようになってもいいので、10年後の素敵な自分になりきってみましょう。あなたはすでに今抱えている課題を乗り越えた10年後のあなたです。

そして、その自分から10年前の自分、そう現在の自分を見た時に、どんなメッセージを贈りたいでしょうか？　どんなアドバイスをしたいですか？

さて、どのような言葉が出てきましたか？　そこにはあなたが理想の未来に向かうための大切なヒントがあるはずです。未来のあなたは、すでにそれを知っているのです。

本当にそんなメッセージなんて見えてくるのかしら？　と思うかもしれませんが、意外と出てくるものです。コーチングセッションの際にこのようなワークをするのですが、多くの方が、今必要なメッセージを受け取っていました。あなたもぜひやってみてください。

では**次からは、理想の未来に向けて１日ずつ実践的なワークを行っていきましょう。**

新月から始める！
月の波動で夢を叶える
〝眠りのメソッド〟

0
新月前

新月の前日、
まずは思考の準備体操！

大人になると身体が硬くなっていくように、「思考」も知らぬうちに凝り固まっていくのです。いつも同じルートで会社に行ったり、同じ人達と話をしていたり、同じような毎日を過ごしていると、気づかぬうちに、その中で**「思考」の枠**ができてしまいます。

脳は質問を投げかけられると、その答えを探し出そうとし始めます。どこか奥底にしまっていた情報を引っ張り出そうと、本当の自分の姿を思考を超えて探し始めます。

誰にでも、そもそも自分には無理だと諦めてしまっていたり、やりたかったことさえ忘れていたりすることがあります。つい、できそうな範疇でやりたいことを探してしまうことも多いものです。ところが、**少しずつ「思考」の枠を外し、手順を経て考えていくと、本当に自分のやりたいことがちゃんと見えてきます**。

つまり、無意識のうちに「思考」の枠の中だけで考えようとしているから答えが見つからないのです。**「思考」の枠内の小さい夢しか描けなくなってしまう**からです。**その「思考」の準備体操にピッタリなのが、次ページからの６つの質問です**。

Q1. お金や時間、ご自身の能力が無限にあり、何でも可能だとしたらどんなことをしてみたいですか？

【例】

- **3年間かけて世界を一周する！**
- **理想の教育を提供できる学校を作る！**
- **青山にビル一棟を立てて、女性のための総合サロン（美容・健康・学び）を作る！**
- **海が綺麗な島を買い、プライベートビーチでのんびり過ごす！**
- **五つ星ホテルに泊まり豪遊する！**

ここでは、できるだけ思考の枠を外して考えてみましょう。普段は「お金の制限」「時間の制限」「能力の限界」があるために、できそうなことのみを考えがちになります。

ここでは思考の枠を外すためにも、今置かれている状況を一旦横に置いて考えてみてください。もし可能だったらどんなことをしてみたいか、**妄想レベル**でもいいので、**自由に楽しみながら**書き出してみましょう！　**書いていくうちにワクワクしてきたら**いい感じです。

さぁ、あなたはどんなことをしてみたいですか？

ワーク

1.

2.

3.

4.

5.

6.

7.

8.

9.

10.

Q2. 今、足りない、欠けていると感じるものは何ですか？

【例】
- ・自分のための時間
- ・決断力
- ・本当にやりたいこと
- ・洋服のセンス
- ・気力、体力

まずは、純粋に今、欠乏感を抱いているものを箇条書きでできる限り書き出してみましょう。これは一見、ネガティブな質問に感じるかもしれませんが、そこからあなたが本当に求めているものが見えてきます。

「やりたいことは何？」と聞かれた時に、なかなか答えが出てこない人でも、この質問には大半の方が答えられます。そして「欠けている」と感じるということは、裏を返せば、この答えに出てきたものを欲しているということが見えてくるのです。

この質問から、あなたは自分がどんなことを望んでいるか見えてきましたか？

ワーク

1.

2.

3.

4.

5.

6.

7.

8.

9.

10.

Q3. 何をしている時に、元気やパワーが出てきますか？

【例】
- **気の合う友人と会ったり、話をしている時！**
- **森の中や海など自然に囲まれている時！**
- **海外旅行！ もしくは空港にいる時！**
- **大好きな楽器を演奏している時！**
- **大きな仕事を任された時！**

自分がワクワクする瞬間や自然とエネルギーが上がる時はどのような時でしょうか？ いくつでもいいので、思いついたことを書き出してみましょう。

自分の元気スイッチを知っておくことはとても大事です。どんな時にテンションが上がるのか、逆にどんな時にテンションが上がりづらいのでしょうか？

自分のことを知ることで、自分を上手にコントロールしやすくなります。例えば、私は外に出て人に会っていると、どんどんエネルギーが湧いてくるのですが、１人で籠もって仕事をしていると、だんだんテンションが落ちてきます。
さて、あなたはどんな時にパワーを発揮するのでしょうか？自分の元気スイッチを知っておきましょう。

ワーク

1.

2.

3.

4.

5.

6.

7.

8.

9.

10.

Q4. 子どもの頃、何に夢中になっていましたか？

【例】

- **小物の収集**
- **ピアノ**
- **ギリシャ神話を読む**
- **ハリウッド映画**
- **縄跳び**

いつの時代でもいいので、子どもの頃にハマっていたことはどのようなことでしょうか？　誰に言われるわけでもなく純粋に好きでやっていたことは何でしょうか？

子どもの頃は、「かくあるべき」に左右されずに純粋に好きなことをやっていたかと思います。それを思い出すことによって、**自分がどんなことが好きなのかを探るヒント**になります。

縄跳びにはまっていた方で、縄跳びそのものよりも難しい技をやり遂げることで親や周囲の人に褒められることが嬉しかった、つまり達成感や周囲の賞賛がやる気の源だということに気づかれた人がいます。

さて、あなたはどんなことが好きでしたか？　そしてそこからどのようなことに気づかれましたか？

ワーク

1.

2.

3.

4.

5.

6.

7.

8.

9.

10.

Q5. 憧れている人は誰ですか？　どのようなところが素敵だと思いますか？
（現実にいる人でも、歴史上や物語の中の人でもOKです）

【例】

・会社の先輩（○○さん）：小さいことにくよくよせずに大人の対応ができるところ
・坂本龍馬：大きな志を持ち、固定概念に縛られずに新たな挑戦をし続けたところ
・オードリー・ヘップバーン：品のある美しさ、芯の通ったしなやかさ
・マーニ・レヴィーン（インスタグラムCOO）：２人の子どもを育てながら社会でも大活躍。どちらの時間もメリハリをつけながら取り組んでいるところが素敵

パーフェクトに理想の人ではなくてもOKです。例えば、容姿やスタイルはこの人、ライフスタイルはこの人、ビジネスセンスはこの人、というようにある部分だけ素敵だと思う人でいいのです。その人のどんな部分が素敵だと思ったのでしょうか？

その要素が、あなたが求めているものです。そしてすでにあなたの中に種として存在しているものなのです。その要素をもっと伸ばしていけたら、どんな人生を送れそうでしょうか？　まずは憧れている人を書き出して、そしてイメージしてみましょう。

ワーク

1.

2.

3.

4.

5.

6.

7.

8.

9.

10.

Q6. 自分がこの世を去った時、どんな人だったねと言われたいですか？

【例】

・人生を謳歌していた人
・笑顔が素敵だった人
・常に挑戦し続けた人
・オモシロイ人
・私の人生を変えてくれた人

ここでは、まさに**あなたがどんな人生を生きたいのかが凝縮されて見えてきます**。人生色々とあったけれど、こんな風に自分の人生を終えることができたら嬉しいなということが書かれているのではないでしょうか？

色々と考えすぎて分からなくなったら、この質問を考えてみましょう。

ワーク

1.

2.

3.

4.

5.

6.

7.

8.

9.

10.

1
新月

新月は
「はじまり」のタイミング

新月は何かをスタートするのにとてもいいタイミング。心も感情もリセットされる時なので、無理なくスタートができるのです。

だから、新月の今日、**あなたの願いを書き出してみましょう**。そう、よく言われている**「新月のお願い」**です。新月のお願いは、新月を迎えてから8時間以内が一番効果的です。どうしても無理な時は48時間以内でも、お月さまのパワーは届きます。

ただ、「ボイドタイム」と呼ばれている時間は避けるようにしてください。これは月が太陽系の天体から独立したタイミングなので月の効力が弱まり、結果が出にくい時間帯だからです。

では、お願いの書き方のポイントを7つ説明します。

1）お願いごとの数は？
2）文体は「過去形」にする！
3）感謝の言葉を追加しよう！
4）書く時は、手書きがオススメ！
5）2つのことを同時に書かない！
6）「否定語」は使わない！
7）擬態語や形容詞をつけると更にGood!!

1）お願いごとの数は？

お願いごとの数は2～10個。10個ぐらい書くと相乗効果で叶いやすくなります。ただし、10個以上にするとエネルギーが分散してしまうので、10個以内にまとめましょう。

2）文体は「過去形」にする！

文章はすでに叶ったという「過去形」で書いてください。例えば、「素敵な彼ができました！」「理想通りの会社に転職が決まりました！」「念願のプライベートサロンがオープンしました！」など、すでに達成したという形で書くことが大事です。

3）感謝の言葉を追加しよう！

お願いごとを書く際に、**感謝の気持ちも一緒に書く**と効果的です。「○○という夢が叶いました。ありがとうございます！」と。感謝には不思議なプラスのエネルギーが発生するからです。

4）書く時は、手書きがオススメ！

このお願いは、**手書きをする方が叶いやすくなります**。それは手書きをすることで、自分の意識に入り込みやすいからなのです。

目標を手書きをする方が、33%も達成する率が上がったという報告もあるほどです。だから、このお願いもぜひ手書きで書いてくださいね。

5）２つのことを同時に書かない

お願いごとはできるだけシンプルにして、**２つのことを同時に書かない**ようにしましょう。例えば「英語が話せるようになって、外国人の彼ができました！」というお願いをしたい場合には、２つに分けるようにしましょう。

「英語がペラペラと話せるようになりました！」
「素敵な外国人の彼ができました！」

シンプルな方が潜在意識に届きやすく、叶いやすくなるのです。

6）「否定語」は使わない！

お願いごとは否定語を使わず、肯定形にして書くようにしましょう。

例えば、「私は発表会で失敗しません」ということを書きたい場合には、「私は発表会で大成功を収めました」というように肯定形に直して書くようにしましょう。なぜなら、脳は否定語を認識できないからです。「失敗しない」と書くと、脳の中では「失敗する」だけがインプットされてしまうのです。

少し分かりづらいので、どのようなことなのか体感してみましょう。

では、今から**「ピンクの象を想像しないでください」**

さて、これを読んだ瞬間にピンクの象を想像してしまいませんでしたか？　想像しないでと言われたのに、その瞬間に想像してしまうのがまさに脳の仕組みなのです。

だから、**「失敗しないように」と思えば思うほど、無意識のうちに「失敗」を脳に刻みこんでしまっている**のです。つまり、知らないうちに自分で失敗する暗示をかけていたのです。

ですから、潜在意識にインプットする時は「否定語」は使わないようにしましょう。

7）擬態語や形容詞をつけると更にGood!!

お願いごとを書く時に、擬態語や形容する言葉をつけて軽やかにすると更に叶いやすくなります。

例えば、
「売り上げ目標を**サクッと**達成しました！」
「目標体重に**あっという間に**到達しました！」
「メルマガが**楽々と**書けるようになりました！」

よかったら、気分が盛り上がるような擬態語や形容する言葉を入れてみてください！　書きながらワクワクしてくるといい感じです。

さぁ、では新月の今日、あなたのお願いごとを書いてみましょう。

おてほんワーク

1. あっという間に素敵な人生のパートナーに出会えました。
ありがとうございます！

2. 自分が本当にやりたいことが見つかりました！
ありがとうございます！

3. サクッと本棚の断捨離が終わりました！
ありがとうございます！

4. ワクワクする海外旅行ができました！
ありがとうございます！

5. TOEICで730点を楽々超えることができました！
ありがとうございます！

6. すんなりと転職が決まりました！
ありがとうございます！

7. 朝、５時起きが楽々できるようになりました！
ありがとうございます！

8. 臨時収入がありました！
ありがとうございます！

9. ほっこりできる素敵なお部屋になりました！
ありがとうございます！

10. 可愛いバッグを手に入れることができました！
ありがとうございます！

新月のお願いワーク

1.

2.

3.

4.

5.

6.

7.

8.

9.

10.

2
新月翌日

自分の未来を考える旅 その1
「現状を知る」

昨日は新月のお願いごとを書けましたか？
今日から満月に向かって、月が満ちていくようにあなたの未来を考える旅が始まります。

昨日のお願いごとは、現時点でパッと思いついたものだったかと思いますが､今日は改めて人生を俯瞰してみたいと思います。人生を考える時によく「仕事」と「プライベート」と二極化で考えられてしまうことが多いのですが、もっと視野を広げて考えてみましょう！

今回は人生を８つの分野で見ていきます。

「仕事・ビジネス・キャリア」
「お金・収入・貯蓄」
「家族・パートナー」
「人間関係・人脈・友情」
「健康・身体・活力」
「自己成長・知識・知性」
「モノ・体験」
「時間・タイムマネジメント」

現状を見える化する

まずは現状を見える化してみたいと思います。それぞれの項目で、最高に満足していたら10点！　最悪の場合には0点!!　とした場合に、それぞれの項目は何点でしょうか？　これは、他の人から見てではなく、あなた自身がどう思っているかで点をつけてください。つまり、それぞれの項目があなたにとってどのくらい満足できているのかを**主観的**に**点数化**するのです。

点数化できたら、その数値を円グラフに落とし込みます。この円グラフはレーダーチャートのように直線で点を結ぶのではなく、線に沿って、ピザやホールケーキのように丸い**円グラフ**にしてください。

さて、あなたの円グラフはどのような円グラフになりましたか？　きれいなバランスのいい円になったでしょうか？　それともガタガタの円になったでしょうか？　まずはその円グラフを眺めてみましょう。**どんなことが感じられますか？**　もしくはどんな**気づき**がありますか？　現状を円グラフに書き出すことで、今の人生バランスを俯瞰することができるのです。

「あ～、私の人生バランスってガタガタだ……!!」とか、
「私の円って小さい（涙）！」とか、
「今って結構幸せだったのね～」とか。

見本

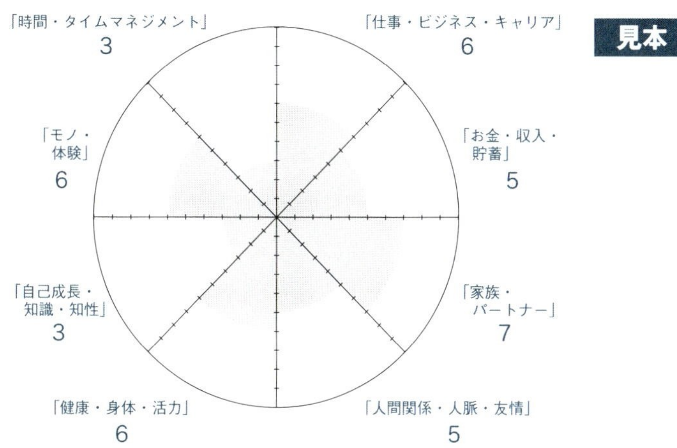
「時間・タイムマネジメント」
3
「仕事・ビジネス・キャリア」
6
「モノ・
体験」
6
「お金・収入・
貯蓄」
5
「自己成長・
知識・知性」
3
「家族・
パートナー」
7
「健康・身体・活力」
6
「人間関係・人脈・友情」
5

年　月　日

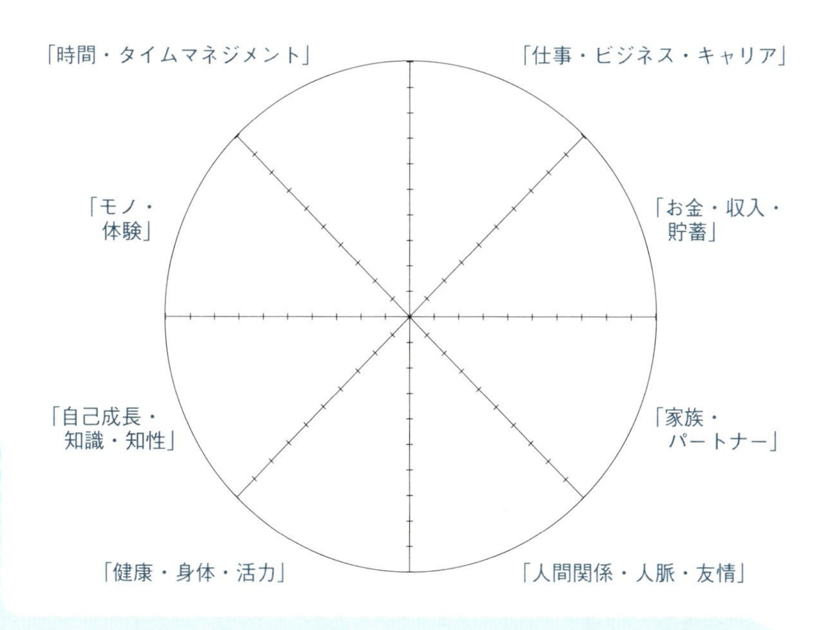
「時間・タイムマネジメント」
「仕事・ビジネス・キャリア」
「モノ・
体験」
「お金・収入・
貯蓄」
「自己成長・
知識・知性」
「家族・
パートナー」
「健康・身体・活力」
「人間関係・人脈・友情」

まずはその円グラフから見えてきたもの、感じたことが今のあなたにとって大切なメッセージです。

さて、この円グラフは現時点の円グラフなので、あなたの人生そのものではありません。この円グラフは**時間とともに変動します**。人生のステージが変わると、大きく変わってくることでしょう。大切なのは、この円グラフを見て、一喜一憂するのではなく、現状を知るツールとして捉えることです。

だから、これを1年に1回、もしくは半年に1回など行ってみると、定点観測のように自分の変化が目に見えるので面白いですよ。

円グラフとの向き合い方

さて、もし円グラフが小さくて、なんだかがっかりしてしまったとしても落ち込む必要はありません。**「小さな円＝残念な人生」ではない**からです。

見方をちょっと変えてみてください。「伸びしろがいっぱい！」の状況とも言えませんか？　自分が望む人生はもっと豊かでもっと成長できる可能性が秘められている！　そんな状態なのかもしれません。

また、性格によって点数のつけ方も異なってきます。例えば、自分に厳しい成長意欲の高い人は、全体的に点数が低めになりがちで、おおらかで前向きな人は点数を高めにつける方が多いのです。だから、円グラフの大きさは気にする必要はないのです。

また、円グラフをもっと大きくしていきたいなと思った時、それぞれを広げることに注力しなくても、ある**一点に注力することで、まるで花が開くかのように全体が広がっていくポイント**があるかもしれません。

例えば、今は常に時間に追われて「時間・タイムマネジメント」の分野の点数が非常に低かったとします。しかし、ここを改善することによって、「仕事も充実し、家族との時間も充実し、さらには勉強する時間も取れ、睡眠もしっかりと確保できるようになる！」というように、様々な部分が改善していくというようなことがあるかもしれません。**このように、８分野は全てが関連しているので、今のあなたにとっての大切なポイントが見えてくるのです。**

ぜひ、**自分にとって今、注力すべき分野はどこなのかしら？**　と思いながら円グラフを眺めてみてくださいね。今日はここまでです。人生を俯瞰してみていかがでしたか？

3
三日月

自分の未来を考える旅 その2「私の理想って？」

理想を明確にする

昨日は人生を８分野の円グラフにして見える化をしました。今日はその続きです。

８分野、それぞれの 10 点の状態、つまりあなたの理想の状態とはどのような感じでしょうか。今日はそれを書き出してみようと思います。

理想の状態を書くことは、自分の理想を明確化することになります。

例えば、仕事に対して６点をつけていた場合に、どうなったら10点になるのでしょうか？　現状と何が変わるといいのでしょうか？　どのような状況だと心から大満足なのでしょうか？　**自分の理想が明確になると、潜在意識はそこに向かって進み出そうとします**。だから、自分の理想を明確にするのはとっても大切なのです。

さて、それぞれの分野において、あなたの理想の状態はどのような感じでしょうか？　**できるだけ具体的に描いてみてくださいね。**

例えば、理想の状態が「素晴らしい職場で働いている！」だったとします。しかし、これでは、残念ながらまだ明確ではありません。「素晴らしい」って一体どのような職場が素晴らしいのか、もっと**具体的にイメージして言語化**する必要があるのです。

素晴らしいというのは、「人間関係が良好なこと」なのか、それとも「責任のある仕事を任せてもらえること」なのか、もしくは「プレッシャーのないのんびりした環境」なのか、人によって素晴らしいと思うことは異なります。だから、あなたにとって素晴らしい職場とはどのような職場なのかを、しっかりとイメージして言語化することが大切なのです。

より具体的にイメージできれば、潜在意識はあなたを理想の未来に連れて行ってくれます。

潜在意識にきちんと自分の行きたい理想の未来を伝えましょう。では、今日は８分野の理想の状態を明確に描き出してみましょう。どこの分野から書いてもいいので、自分の書きたいところから書いてみてくださいね。さて、それぞれどんなことを書いたらいいのか、もう少し解説したいと思います。

①「仕事・ビジネス・キャリア」

ここでは、**どのような働き方をしたいのか、どのような職場で仕事をしたいのか、自分はどのようにキャリアを積みたいのか、より具体的にイメージしてみましょう。**

またこれは会社に勤めるだけが仕事ではなく、主婦の方などは家事なども立派な仕事です。またお金を稼ぐことに捉われずに、ボランティアや地域活動などで社会に役立つことも仕事と考えていいと思います。

②「お金・収入・貯蓄」

あなたはどのくらいのお金があったらいいですか？　**理想の収入・理想の貯蓄額などを具体的な数字で書き出してみましょう。**

ここでよくありがちな答えとして、「お金が必要なだけ十分ある」と書く方がいますが、これではダメです。なぜなら脳がちゃんと認識できないからです。「必要なだけ」とは人によって全く異なります。月３万円自由になるお金があればいいと思う人もいれば、月10万円必要！　と思う人もいます。ここではより具体的にあなたの理想を数値化してみてくださいね。

③「家族・パートナー」

家族とは、自分が生まれ育った家のことでも、新しく築いた家庭のことでもどちらでもOKです。**どのような家族構成が理想なのか、またどんな家族関係でありたいのか？**　もしくは、結婚に捉われずにどのようなパートナーシップを築きたいのかなどを描いてみてください。

婚活中の方は、ここに理想の相手像をしっかりと書くことをお勧めします！　どのような人とどのような生活をしたいのか？　何を大切にしたいのか？　何を一緒に楽しみたいのか？　より具体的に書くことで、理想の相手に出会える確率がグンと増します！

もちろん、いわゆる条件的なもの、年収がどのくらいで、顔はイケメンで……というような項目も挙げてもOKです。ただ、これらは突然変わってしまうこともありますよね。高収入だったけれど、リストラにあってしまったとか、イケメンだったのに面影もないほど太ってしまったとか……。そのため、**できれば本質的なことから挙げてみることにしましょう！**
実際に婚活中の女性が、ここを具体的に書いたら、書いた通りの人に出会って結婚した例を何組も見てきました。だから、あなたも遠慮せずに自分の理想をしっかりと描いてくださいね。

④「人間関係・人脈・友情」

家族以外の人間関係です。どんな友達や仲間が欲しいでしょうか？　どのような時間を共有したいですか？　またどんな人脈があったら嬉しいですか？　昔からの**友達に限定せずに、こんな人と繋がれたら嬉しいな**、と思うことも挙げてみましょう。

また、どのくらいの距離感で付き合いたいですか？　どんな関わりが好きですか？　思いつくことをどんどん書いてみましょう。

⑤「健康・身体・活力」

あなたにとっての「健康」とは何でしょうか？　これもできるだけ具体的にしましょう。例えば、「体重が○ Kg ！」というような数値で表現するのがいいのか、もしくは「週２回のヨガで身体がスッキリ！」なのか、「7.5 時間睡眠で朝の目覚めがいい状態」なのか、自分なりの健康を言語化しましょう。

また、美容に関してのこともここで挙げてみるといいでしょう。「月１回アロママッサージを受けてお肌ツヤツヤ」など、後回しにしがちな自分へのご褒美やケアも入れてみてください。

⑥「自己成長・知識・知性」

今、何を勉強したいですか？　どんな知識を身につけたいですか？　もしくはどんな習い事をしたいですか？

ここもできるだけ具体的に書きましょう。例えば、「英語を習得したい！」と思った場合は「旅行先で簡単な英会話ができる！」を望むのか、「TOEIC 730 点獲得！」がいいのかによってゴールは異なってきます。「あなたの望む状況は何なのか？」をより具体的に書き出してみましょう！

⑦「モノ・体験」

純粋に物欲ややりたいことを考えてみましょう。どんな服が欲しい？　どんな靴が欲しい？　どんなバッグが欲しい？　どんな家に住みたい？　家具やインテリアは？　またどこに住みたい？

自分のやってみたいことを、どんどん挙げてみてください。

「飛行機のファーストクラスに乗る！」とか「海辺で乗馬 !!」とかなんでも OK です。できるかどうかは考えずに、とにかくやってみたいことってどんなことがあったかな？　と思い出しながら書いてみてくださいね。

⑧「時間・タイムマネジメント」

時間は誰にでも平等に1日24時間と決まっていますが、それをどのように使えていたらあなたにとってベストですか？

早起きして時間を有効活用したいのか？　通勤時間をもっと有効活用したいのか？　もしくは、1人でぼーっとできる時間を確保したいのか？　もしくは、残業続きの日があってもいいから、長期休暇が取れるようなメリハリが欲しいのか？

まずは理想の時間の使い方を1日単位でも、1週間単位でも、1か月単位でもいいので、「自分の理想ってどんなかんじ？」と考えてみてください。

8分野を書き出してみると…

では、8分野全て書き出してみましょう。おそらく、すらすら書けるところと、手が止まってしまうところがあるかもしれません。

でもそれはごく普通のことです。人は通常、そもそも興味関心のあることしか考えていないので、興味の薄い分野については考えられていなかったのです。**これを機に、ぜひ8分野満遍なく意識を向けてみましょう**。きっとあなたの人生が、どんどん充実していくことでしょう。

見本　**【わたしの理想】**

「時間・タイムマネジメント」
・朝５時起きで１時間早朝勉強 or 朝活
・ネットサーフィンは 23 時まで！
・移動時間中は英語のヒアリング
・集中と選択でメリハリ
・家事は便利グッズを使って効率化

「仕事・ビジネス・キャリア」
・学んできたアロマの知識で独立！
・まずは副業から開始！
・家庭と仕事のバランスがとれている！
・不得意な分野は人に任せる！
・時には長期休暇も取れる！

「モノ・体験」
・夜、リラックスできる間接照明
・好きな洋服だけでスッキリ
・素敵なキッチンツールを揃える
・ベランダ菜園！
・窓からの景色が素敵な部屋

「お金・収入・貯蓄」
・年収：600 万円
・貯蓄：10 年後に 3000 万円
・毎月積立投資　３万円
・将来は不動産投資も！
・海外旅行予算は年間 60 万円

「自己成長・知識・知性」
・英語 TOEIC 730 点取得！
・月に４冊以上読書
・アロマの上級資格を取得！
・着物が着られるようになる
・ワインに詳しくなる

「家族・パートナー」
・お互いに応援し合える関係
・共通の趣味は旅行
・美味しい食事と会話を楽しめる！
・お互いの家族を大事にできる
・子どもは二人で、ワイワイ賑やか

「健康・身体・活力」
・週２回のヨガで身体がスッキリ
・６時間以上、質のいい睡眠を確保！
・月１回はエステでリラックス
・日常生活に瞑想を取り入れる
・月１回プチ断食

「人間関係・人脈・友情」
・世界中に友達がいる！
・毎月、ホームパーティ♪
・切磋琢磨できる仲間がいる
・相談できるメンターがいる
・お金の専門家がいる

【わたしの理想】

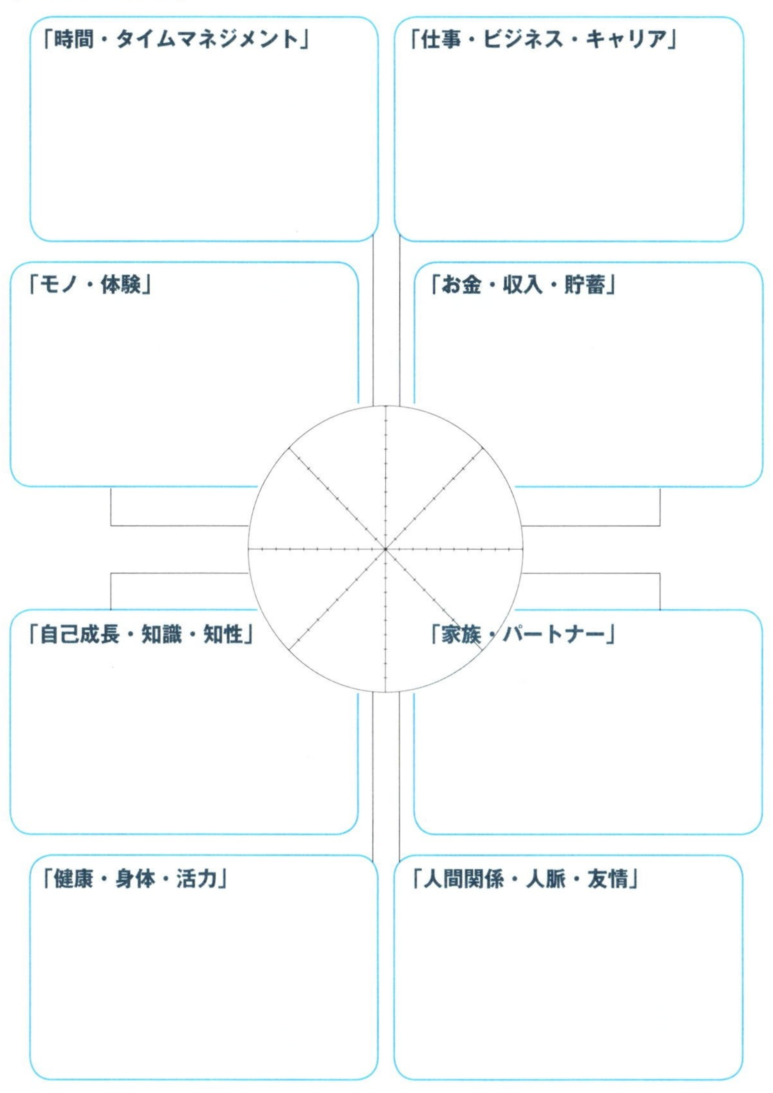

「時間・タイムマネジメント」
「仕事・ビジネス・キャリア」
「モノ・体験」
「お金・収入・貯蓄」
「自己成長・知識・知性」
「家族・パートナー」
「健康・身体・活力」
「人間関係・人脈・友情」

4
上弦に向かって

自分の夢を膨らませる　その1
「家族・パートナー」

これからは上弦の月に向かってお月さまが膨らんでいくように、あなたの夢をどんどん膨らませていきます。そう、**夢に向かってパワーを蓄積していく時**なのです。

このタイミングに、とっても効果的なのは**ドリームリスト！**先日書いた**「人生の８分野」**の各分野ごとに、理想の状態をもっと明確に、そして広げていきます。

まずは「人生の８分野」をもう一度見直してみてください。その中から、今日はまず人生の基盤となる**「家族・パートナー」**の部分から見ていきます。

さて、どのようなことが書かれていますか？　あなたが書いたものを見返してみてください。

スペースの関係上、おそらく最大でも５行ぐらいしか書けていないかと思います。だから、今日はこれをもう少し具体的に、そして細分化をしていきます。

では、サンプルを例にお話ししましょう。

「家族・パートナー」

- **お互いに応援し合える関係**
- **共通の趣味は旅行**
- **美味しい食事と会話を楽しめる！**
- **お互いの家族を大事にできる**
- **子どもは二人で、ワイワイ賑やか**

このように書いた項目を、**更に掘り下げて考えてみる**のです。

例えば、「お互いに応援し合える関係」とは、**具体的にどうなっていたらいいのでしょうか？**

「お互いが精神的に自立をしていること？」
それとも、「経済的な自立をしていること？」
もしくは「その両方が成り立っていること？」

それとも、「家事を分担協力できること？」
「子育てに協力してもらえること？」
「働くことを応援してくれること？」

もしくは、「共通の分野で切磋琢磨すること？」
それとも「全く別の分野でそれぞれが活躍すること？」
今、掘り下げたものを、更に掘り下げていくことも可能です。

例えば……

- **経済的自立って、夫と自分がどのくらいずつ稼げばいいの？**
- **家事の分担って、どんな割合？　もしくは何をしてもらえると嬉しいの？**
- **子育ての協力って具体的に何？　お風呂に入れてもらうこと？　それとも休日遊んでもらうこと？**

脳は具体的にイメージできると、そこに向かおうと働き出します。逆にぼんやりしたままでは、残念ながら動き出せないのです。だから、よく分からないなりにも、まずは理想を掘り下げて描く練習をしてみましょう。

そう、まるであなたが映画のシナリオ作家にでもなったかのように、好きにストーリーを作ってみましょう。つい「今、付き合っている彼もいないのに……」などと現実にとらわれてしまうことがありますが、その気持ちは一旦横に置いて、**未来の可能性は無限大！**　と思って書いてみましょう。

極端な言い方をすれば、**妄想ストーリー**でもいいのです。しかし、イメージとしてしっかりと描けると、**妄想が現実になる可能性がグンと高まるのです！**

なぜなら、脳はイメージしたことと、現実に経験したことの区別がつけられないと言われているからです。つまり、ありありとイメージできると、まるで自分がすでに経験したことと錯覚するのです。

人は初めてのことに対して、不安や怖さからなかなか行動に移せないものですが、すでに**経験したことに対しては、意外とすんなりと行動することができます**。

だから、現実にはまだ経験していないことであっても、ありありとイメージできると、脳がすでに経験したことのように錯覚し、どんどん行動に移していけるのです。

ちなみに、私は英語が苦手で、仕事も海外に関わることなど一切なかったのですが、世界中に友達ができる！　ってイメージしたら、なんと国際結婚をすることになり、そして本当にそんな現実がやってきました。

では、「家族・パートナー」の部分をワクワクしながら掘り下げていってみましょう！

（理想の状態）

「家族・パートナー」

・お互いに応援し合える関係
・共通の趣味は旅行
・美味しい食事と会話を楽しめる！
・お互いの家族を大事にできる
・子どもは二人で、ワイワイ賑やか

↓

（ドリームリスト）

・家事は夫と気持ちよく分担している！
・早く帰宅した方が夕食を作る
・家族でマウイ島へ！
・片付けは食洗機でストレスフリー
・両親の誕生日は家族でお祝いする！
・お互いがしたことに素直に「ありがとう」が言える
・予定がない方が子どもの面倒を見る
・子どもが遊べる庭がある！

⋮

家族・パートナー

【わたしの理想】

	✓	項　目
1		
2		
3		
4		
5		
6		
7		
8		
9		
10		
11		
12		
13		
14		
15		
16		
17		
18		

19		
20		
21		
22		
23		
24		
25		
26		
27		
28		
29		
30		
31		
32		
33		
34		
35		
36		
37		
38		
39		
40		

5
上弦に向かって

自分の夢を膨らませる　その2
「仕事・ビジネス・キャリア」

今日も上弦の月に向かって、あなたの夢を具体的にどんどん膨らませていきましょう。今日は、「人生の８分野」の中で、**「仕事・ビジネス・キャリア」**を取り上げていきます！

「人生の８分野」を書く時にもお伝えしたのですが、会社に勤めるだけが仕事ではなく、主婦の方などは家事なども立派な仕事！家族の健康や笑顔のために大切なことです。またお金を稼ぐことにとらわれずに、ボランティアや地域活動などで社会に役立つことも仕事と考えてみてくださいね。

さて、あなたはこの分野を充実させるために、何をしてみたいですか？

人は仕事が充実すると、人生の充実度がグンとアップします。なぜなら、**誰かのお役に立てていることを実感することで魂が喜ぶからです。**

そのため、ここでは仕事をただお金を稼ぐ手段として捉えるのではなく、**どのように誰かの役に立てるのか、自分の命をどのように使うのか、そしてその対価としてお金を受け取るのか**、そんな風に考えてみるとまた違った視点が見えてくるでしょう。

ここで１つ、注意してほしいことがあります。

仕事やビジネス、キャリアとなると、本当にやりたいことを想い描くというよりも、できそうなことを考えがちです。

「今までの経験を考えると、大したことをしてきていないし……」
「特別な資格や才能があるわけでもないし……」
「今から難しい勉強なんて、とても無理……」

このような無意識のブレーキがかかり、できそうなことのみを考えるようになるので、ワクワクできなくなります。

だからここでは、**「できるか、できないか？」という視点ではなく、「本当にやりたいことは何か？」と自分に問いながら考えてみましょう。**

できる、できないはさておき、「やりたいこと！」を考える

例えば、将来に役に立つ資格を取ろう！　と思った時に、あなたは何をチェックしますか？

どれくらい役立つのか？　はもちろんのこと、その他に、難易度

や学ぶ期間、費用などをチェックしませんか？　そして、難易度が非常に高かったり、費用が高かったりすると、その時点で**「いや、これは無理」**なんて思ってしまったことはないですか？

まずはできる、できないはさておき、**「やりたいこと！」**を考えてみてください。

大切なのは「やりたい！」と思う気持ちです。ここでもまさに妄想レベルになってしまってもいいので、ワクワクしながら、理想の働き方や仕事をイメージしてみましょう！

「やりたいこと！」に手遅れはない

もし「私はもう若くないし……」と思った方は、ぜひカーネル・サンダースを思い出してみてくださいね。

彼がケンタッキーの創設者であることは知っているかと思いますが、いくつの時にケンタッキーを生み出したかご存じですか？　なんと65歳!!　普通ならば定年の歳です。それまでに40種類もの仕事を経験したそうです。つまり順調にキャリアアップしてきたわけではないのです。
「おいしいもので人を幸せにしたい」という**想いが、数々の困難を乗り越えるパワーとなり、そして今があるのです!!**

手放す勇気を持つ

また、手放す勇気も大切です。

今までの経験や技術、培ってきたものは間違いなくあなたの強みではあるのですが、もしそれが**今のあなたにとって、すごくやりたいことでなかったら、手放すことも選択肢に入れて**みましょう。

それがたとえ国家資格だったとしてもです。例えば、高い学費を出して長い間学んで、看護師になったとします。でも、ずっと看護師として働かなくてはいけないのではなく、新たな道もあるかもしれません。実際に看護師を辞めて、コーチになった方や、他の職についた方もいます。

では、あなたの「仕事・ビジネス・キャリア」を掘り下げていってみましょう！

（理想の状態）

「仕事・ビジネス・キャリア」

・学んできたアロマの知識で独立！
・まずは副業から開始！
・家庭と仕事のバランスがとれている！
・不得意な分野は人に任せる！
・時には長期休暇も取れる！

↓

（ドリームリスト）

・自宅をプライベートサロンにリニューアルする！
・アロマ講座は月２回開催！
・アロママッサージはリピート率が 70％！
・毎月コンスタントに 35 万円稼げる！
・仕事は家族の予定に合わせてフレキシブルに！
・お金のことを任せられる税理士さんに出会う！
・子どもの夏休みに合わせて長期休暇を取れる！
・行きたいタイミングで海外旅行に２週間行ける！

⋮

仕事・ビジネス・キャリア

【わたしの理想】

	✓	項　目
1		
2		
3		
4		
5		
6		
7		
8		
9		
10		
11		
12		
13		
14		
15		
16		
17		
18		

19		
20		
21		
22		
23		
24		
25		
26		
27		
28		
29		
30		
31		
32		
33		
34		
35		
36		
37		
38		
39		
40		

6
上弦に向かって

自分の夢を膨らませる　その3
「健康・身体・活力」

今日も上弦の月に向かって、あなたの夢を具体的にどんどん膨らませていきます。今日はあなたが幸せな人生を送る上で大切な基盤である**「健康・身体・活力」**です。

体調が悪かったり、身体が思うように動かないとやる気が出ずに、物事がネガティブに感じられてしまうものです。そう、どんなにやりたい夢が明確であっても**自分の基盤がしっかりしていないと、そこに向かうパワーが出ないものなのです。**

だから、あなたが夢をどんどん叶えたい！　と思うならば、健康なうちからここをしっかりと気にかけておくことが大切なのです。

健康は成功の必須条件？

経営者向けのコーチングを10年以上してきて気づいたのですが、どんどん成果を上げている経営者の方は、健康オタクな方が多いです。オタクとは言い過ぎかもしれませんが、とにかく自分の健

康や活力を最大化させるために、食事・運動・睡眠にはとても気を遣っている方が多いのです。
　どんなに忙しくても、ジムには欠かさずに通っていたり、朝は身体にいいグリーンスムージーを摂取していたり。それぞれのやり方で、ご自身の健康管理を大切にしています。

　逆にいつもバタバタと忙しく、食事もファーストフードで済ませたり、睡眠時間を削って無駄に頑張っている人は、残念ながら、なかなか望む結果を出せていません。もしくは、突然大病をして入院することになったり……。

　だから、**人生の基盤になる「健康」に普段から意識を向ける**ことはとっても大切なのです！　特に健康に問題がない時は、つい後回しにしがちなので、**これを機にしっかりとあなた自身の「健康・身体・活力」を考えてみましょう！**

　大きな建物を建てたかったら、しっかりした基礎工事をしますよね？　それと同じなのです。あなたが大きな夢を叶えたかったら、しっかりした基盤、健康づくりが大事!!　たとえ、私の夢なんて、ちっぽけなものだから……と思ったとしても、どんなに小さな家でも基礎工事はしっかりしているものです。

さて、「健康・身体・活力」に関して、どんなことを意識したらいいのでしょうか？

全く思い浮かばないようだったら、健康の３要素になる**「食事」「運動」「睡眠」**について考えてみましょう。

- **何を食べたらいいのか？**
- **何を食べない方がいいのか？**
- **いつ、どんな風に食べるのがいいのか？**
- **どのようにデトックスしていくのか？**
- **どのような運動を取り入れたらいいのか？**
- **どのくらい運動したらいいのか？**
- **どの部位を鍛えたらいいのか？**
- **１日何時間睡眠を取れたらいいのか？**
- **睡眠の質をあげるにはどうしたらいいのか？**

この３要素を考えてみるだけでも、色々と見えてきますね。

さらにここに**「呼吸法」**なども取り入れるといいです。ヨガだったり、瞑想、座禅など呼吸を整えることで、自律神経に働きかけ、健康維持にとても役立つのです。

さぁ、**あなたはご自身の「健康・身体・活力」を理想の状態にするためにどんなことをしていきたいですか？**　今日も掘り下げていってみましょう！

（理想の状態）

「健康・身体・活力」

・週２回のヨガで身体がスッキリ
・６時間以上、質のいい睡眠を確保！
・月１回はエステでリラックス
・日常生活に瞑想を取り入れる
・月１回プチ断食

↓

（ドリームリスト）

・ヨガのできるスタジオを探す
・23：30にはベッドに入る
・寝る前にスマホを見ない
・寝室を落ち着くインテリアに変える
・月１回アロママッサージで疲れをとる
・アロママッサージを受けられるサロンを探す
・毎日５分瞑想をする
・プチ断食のやり方を調べる

⋮

健康・身体・活力

【わたしの理想】

	✓	項　目
1		
2		
3		
4		
5		
6		
7		
8		
9		
10		
11		
12		
13		
14		
15		
16		
17		
18		

19		
20		
21		
22		
23		
24		
25		
26		
27		
28		
29		
30		
31		
32		
33		
34		
35		
36		
37		
38		
39		
40		

7
上弦に向かって

自分の夢を膨らませる　その4
「お金・収入・貯蓄」

今日は**「お金・収入・貯蓄」**について掘り下げていきます。

日本では、お金に対する教育があまり行われないまま大人になるケースが多いので、しっかりと向き合って考えたことがない人が多いものです。しかし「将来は大丈夫かな？」と誰もが経済的不安を抱えています。

特に独身の方は、「もしこのまま結婚できなかったら、私は本当にやっていけるの？」と見えない未来に不安を感じながらも、現実を直視するのが怖いので、向き合うことを先送りしたりしていませんか？

また結婚されている方も、お子さんの教育費など未来のことを考えると「このままの生活で将来ちゃんとやっていけるのかしら？」「子どもに必要な費用を賄っていけるのかしら？」と誰しもが不安に思っているものです。

この機会に一度お金について、ちゃんと向き合って考えてみましょう。

「今の少ない収入で、未来のことを考えても先が見えないから……」と向き合うことから逃げるのではなく、自分がどのような生活をしたいのか、どこで**どのように暮らしていきたいのか**という理想の姿から、お金のことを考えてみましょう。

それにはどのくらいの費用がかかりそうでしょうか？　どのくらいの収入、貯蓄があれば可能になるのでしょうか？　一度、**具体的な数字を知り、向き合ってみる**ことが大切です。

漠然と「年収1000万円！」とか「貯蓄1億円！」とか、よく耳にするような数字を理想に描くのではなく、自分にとって本当に望む生活をするためには**どのくらいのお金が必要なのかをリアルに知ることが最初の一歩です。**

手始めに「ライフプラン」を立ててみる

具体的な数字が分からなくてなかなか進めない時は、ファイナンシャルプランナーなどプロの力を借りるのも1つの手です。自分がどのような人生を送りたいのかを話していくと、生涯に必要な費用が表やグラフになり、把握できるようになりました。ただ1つ気をつけた方がいいのは、本当にあなたのためを思って保険や金融商品を紹介してくれる方もいますが、そうではない方もいるので、そこはしっかりと見極めていく必要があります。

「どうしたらできる？」と質問を自分に投げかける

さて、自分の理想の生活を送るためにどのくらいのお金が必要なのかが見えてきたら、**「どうしたらそこに近づけるのか？」**と自分に問いかけてみましょう。今の収入ではとても足りない……と落ち込むのではなく、**「どうしたらできる？」と質問を自分に投げかける**のです。

脳は不思議なもので、「これは無理！」と思った瞬間に思考はそこで止まりますが、**質問を投げかけられると、そこから考え続ける**のです。

もちろん、すぐに素晴らしい答えは見えないかもしれませんが、無意識下で考え続けているので、ふとした瞬間に必要な答えが見えてくるのです。

ここでは、どのようにそのお金を捻出するかという方法まで考えられなくても大丈夫です。まずは、**自分にとって理想の生活をするためにはどのくらいの費用が必要なのか**を明らかにしてみましょう！

収入の多い人だけがちゃんと貯金ができていて、収入が少ないから貯金ができないと思いがちですが、現実は違います。年収1000万円なのに貯金が全くない方もいれば、年収300万円なのに、すでに1000万円も貯金がある方もいます。

あなたが本当に必要な金額が見えてきたら、そこに向けて行動しようという意識が生まれ、後から方法が見つかります。

あとはそこに向かって行動するのみ！　最初の行動は、「毎月1万円貯金する」というような小さな行動かもしれません。しかし、**その行動の積み重ねが、あなたの未来を大きく変えていくのです。**

いつか、考えよう。もう少し先になったら……と先送りせずに、まずはお金のことに向き合って考えてみてくださいね。

そうそう、「いつか宝くじが当たる！」なんて楽しい未来を想像する人もいるかと思いますが、ジャンボ宝くじの1等が当たる確率なんて、実は1000万分の1にしか過ぎないのです。そう、飛行機が墜落する確率よりも遥かに低い確率なので、他力本願ではない方法で理想の未来を描いていきましょう！

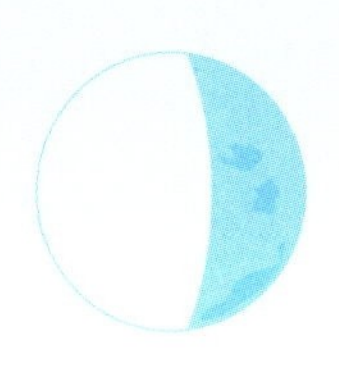

（理想の状態）

「お金・収入・貯蓄」

・年収：600万円
・貯蓄：10年後に3000万円
・毎月積立投資　3万円
・将来は不動産投資も！
・海外旅行予算は年間60万円

↓

（ドリームリスト）

・年収600万円！　つまり月収約50万円！
・10年後に貯蓄額が3000万円になる
　→そのためにどんな方法があるかを調べる
　→ファイナンシャルプランナーの友人に相談する
　→お金のセミナーに参加してみる
・毎月積み立て3万円を始める
　→そのための口座をどこにするか決める
・海外旅行予算は年間60万円
　→月5万円の旅行積み立てを始める

⋮

お金・収入・貯蓄

【わたしの理想】

	✓	項　目
1		
2		
3		
4		
5		
6		
7		
8		
9		
10		
11		
12		
13		
14		
15		
16		
17		
18		

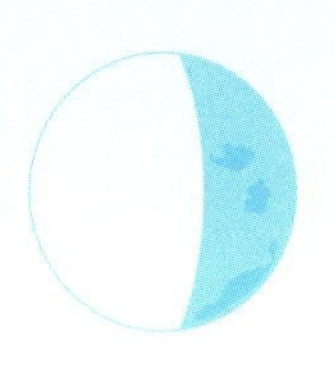

19		
20		
21		
22		
23		
24		
25		
26		
27		
28		
29		
30		
31		
32		
33		
34		
35		
36		
37		
38		
39		
40		

8
上弦に向かって

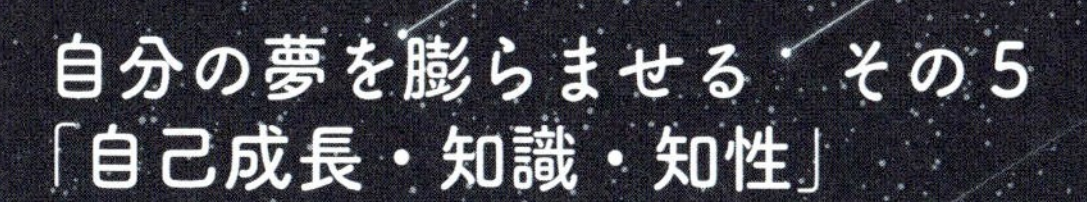

自分の夢を膨らませる　その5
「自己成長・知識・知性」

さて、今日は**「自己成長・知識・知性」**について、もっと掘り下げていきましょう。昨日は、お金のことを考えましたが、将来のために投資することもアイディアとして出てきましたか？　ここでは、まさに**将来の自分に対する投資**の話です。

自分らしく、豊かな人生を送るためには、あなた自身の成長はとても大切。成長し続けるからこそ、本当に理想の未来にどんどん近づいていけるのです。それが何歳からでも自分次第で可能性は無限大！

好奇心を開放して、将来自分がどうなりたいのか、そのためにはどんなことを学んだり、何を身につけたらいいのかを考えてみましょう。

今これから、学んでみたいことはなんでしょうか？

今の仕事に役立つ「プレゼンテーションの技術」？
それとも、もっと時間効率をあげるための「手帳術」？
もしくは、仕事の幅を広げるために「英語」？

もちろん、今の仕事だけに囚われる必要はありません。例えば、今の仕事とは全く関係がないけれど、将来大好きなアロマで独立をしたいから、アロマの上級資格に挑戦するとか、いつか着物を自分で着られるようになりたいから着付けを習うとか、婚活を頑張りたいから、自分に似合うカラーを学ぶとか、切り口はどこでもいいのです。

どんどんやってみたいことをリストアップ！

「人生の８分野」はそれぞれ関連しているので、分野ごとに学んでみたいことを考えてみても面白いかもしれません。

例えば、「お金」に関しての本を読んでみよう！　とか、「人間関係」のところでは、初対面の方と話すのが苦手なので、コミュニケーション力アップの講座に参加してみよう！　とか、「健康」について学ぶとしたら……「呼吸法」を学んでみよう！　などです。

また、学び方にも様々あります。どれを選択するかは後で検討するとして、まずはどんどんやってみたいことを書き出してみましょう。

一旦書き出してみることによって、ちょっと調べてみたくなりませんか？　例えば、着付けを習うなら、どのくらいの期間で、費

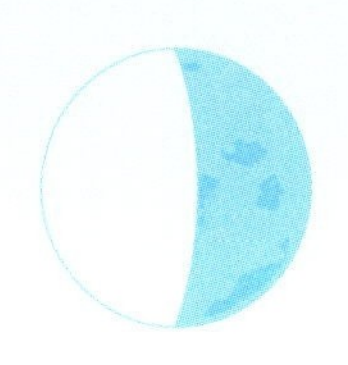

用はどのくらいかかるのだろう？　またどんな学校があるの？　通いやすい場所？　開催日時は？

　すると「いつか学べたらいいな」と漠然としか思えていなかったことが、急に現実味を帯びてきませんか？　**「今年は無理でも来年からならできそう！」**とか、**「まずは学ぶ費用を貯金しよう！」**とか。

「時間ができたら、いつかやってみたい」と思っているだけでは、いつまでたっても時間の余裕なんてできないのです。こうやってちょっとだけでも具体的にするだけで、**あなたの気持ちは高まり、時間を作りだそうとするのです。**

　だから、「時間ができたら……」「お金が貯まったら……」などと先送りにしていたものも、まずはリストに書くだけ書いてみましょう。もちろん、「いつまでにこの資格を取りたい！」と期日を書いてもいいのですが、書かなくても大丈夫！　リストに書いただけでも、しっかりと意識下に入っているので、そこに向かおうとする意識はしっかりと刻まれていくからです。

　このリストは日々見返してみてくださいね。やらねばならないToDoリストではなく、こんなことができたら素敵だなという**ドリームリスト！**　ただパラパラ見るだけでも見ている回数が多くなると潜在意識に刻まれていくので、知らないうちにどんどん実現していくのです。

夢に日付は必要？

ここで、**やりたいことに対する「期日」を書くこと**に関して、大切なアドバイスがあります。

一般的には「やりたいことにはちゃんと期日を入れるからこそ、達成できる」とも言われていますが、私は強いメンタルを持ってる人だけが書くべきだと感じています。期日が入ることで、より具体的になり、自分にいいプレッシャーを与えられるのですが、できなかった時には、自分に烙印を押しがちです。

「やっぱり今回もできなかった……」
「やっぱり私には無理なんだ」

このように自分に対する信頼を失ってしまうと、その思い込みがあなたの夢への大きなブレーキになってしまいます。だから、ここでは、とにかくたくさんドリームリストは書くものの、期日はあえて入れておかないぐらいの方が、**「いつか達成できたら嬉しい！」**というワクワクが続き、そのワクワク感が実現に向かわせる原動力になるのです。

では、これからあなたの学びたいこと、成長させたいことは何か具体的に書いてみましょう！

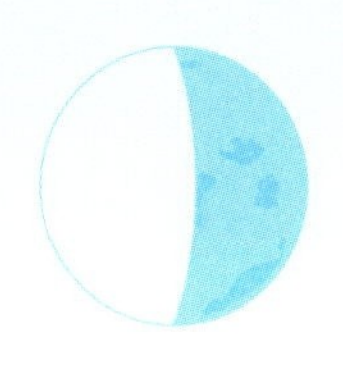

（理想の状態）

「自己成長・知識・知性」

・英語 TOEIC 730 点取得！
・月に４冊以上読書
・アロマの上級資格を取得！
・着物が着られるようになる
・ワインに詳しくなる

↓

（ドリームリスト）

・TOEIC730 点取得！
　→ネットで効果的な勉強方法を調べる
・月に本を４冊読む！
　→読みたい本をドリームリストに書き出す
　→速読の本を読み直す
・アロマの上級資格を取得する！
　→講座の日程を確認してカレンダーに書き込む
　→講座に申し込む
・着物で食事会に参加する！
・パーティの際に自分で着物を着る！
・ワインのセミナーに参加する
・ワインの試飲パーティに参加する

自己成長・知識・知性

【わたしの理想】

	✓	項　目
1		
2		
3		
4		
5		
6		
7		
8		
9		
10		
11		
12		
13		
14		
15		
16		
17		
18		

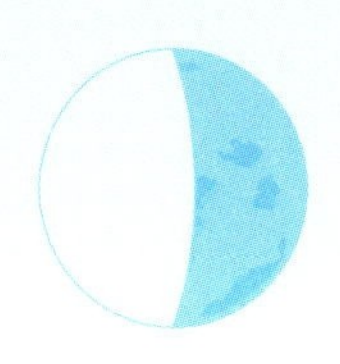

19		
20		
21		
22		
23		
24		
25		
26		
27		
28		
29		
30		
31		
32		
33		
34		
35		
36		
37		
38		
39		
40		

9
上弦の月

上弦の月
ここで、一度ふりかえる

今日は上弦の月。今まで書き出してきた**ドリームリストを、一旦振り返ってみましょう**。

「家族・パートナー」
「仕事・ビジネス・キャリア」
「健康・身体・活力」
「お金・収入・貯蓄」
「自己成長・知識・知性」

５つの分野を書いてみていかがでしたか？

すらすら書けた分野となかなか書けなかった分野があったのではないでしょうか？　でも安心してください。これは誰にでもあることなのです。人はそもそも興味関心のあることしか考えていないので、今まで自分があまり関心のなかった分野は、なかなか具体的にイメージができないものです。イメージできていなければ、具体的に書き出すことは難しいのです。

この機会に**興味を持っていなかった分野にも少し意識を向けてみてくださいね**。

ドリームリストの目標総数は300個!?

やりたいこと、やるべきことの**リストは300個を目指してみましょう！　そんなの無理!!　と思った方は、まずは100個でもいいので、とにかくたくさん書き出すようにしましょう。**

そして300個を超えると、自分でも実感できるほどいい循環が起き始めるのです。なぜなら、自分の理想の未来に対して、300本のアンテナが立った状態なので、必要な情報をしっかりとキャッチできるようになったり、引き寄せが起こり始めます。

あなたの周りには、実はたくさんの情報やチャンスが溢れています。しかし、興味関心のないものは残念ながらあなたの意識の中に入ってきません。つまり目の前にあっても見落としてしまっていることが多々あるのです。

例えば、私は妊婦になってから、なぜかよく妊婦さんを目にするようになりました。「あれ？　世の中にはこんなに妊婦がいたっけ？」と本気で思ったほどです。

また私のセミナーの受講生は、起業に興味を持ち始めたら、起業のセミナーや本の情報がどんどん集まってきたそうです。ただ、興味関心がなかった時は、目の前をスルーしていたのでしょう。

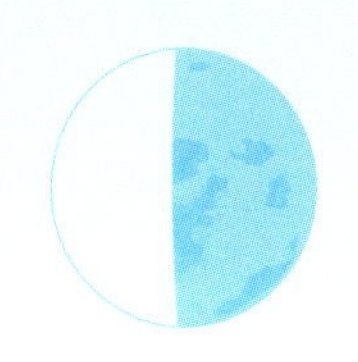

理想の未来につながる
情報をキャッチできる体質に

私が独立するキッカケにもなった「若手講師オーディション」は、講師もやってみたいな〜と思ってネットサーフィンしていた時に偶然見つけて応募したものでした。興味のアンテナを立てていたから見つけることができ、それが人生を大きく変えることもあるのです。

あなたの**理想の未来につながる情報やチャンスをぜひキャッチできる体質になってください**。この世の中には、たくさんの情報やチャンスが転がっています。でも、あなたがそれをキャッチするアンテナを錆びつかせてしまっていると、残念ながらキャッチできないのです。

ぜひ、あなたの理想の未来につながるドリームリストを300個書き出して、アンテナをどんどん立てていってくださいね。

ちなみにドリームリスト総数の目標を300個としたら、1分野あたり40項目ぐらい書けていたらいいですね。もちろん分野ごとに偏りが出てくるのは当然ですが、どんどんリストを増やしていってもらえたら嬉しいです。

書いたリストを見直そう

さて、今日はここまで書いたリストを一度見直す日です。

まだ書き出して数日ですが、**すでに叶ったもの、実施できたものはありましたか？　できたところがあったら、✓にチェックを入れて**みましょう！

このドリームリストを週に１回、もしくは月に１回でもいいので、定期的に進捗を見ていってください。きっとどんどんチェックが入ってくるはずです！

チェックを入れる際には、自分のテンションが上がるように工夫してみましょう。例えば**「はなまる」**をつけてみたり、**シール**を貼ってみたり、**可愛いスタンプ**などもいいかもしれません。

リストが増え、できたところが増えて来ると、ドリームリストを見ているだけでワクワクしてきます。**「私って、書けばできちゃうんじゃん！」と思えてきたらとってもいい感じ**です。これがまさに、小さな成功体験が自信に変わっていく瞬間です。

このドリームリストを使い続けていくと、**「私にもできるかも？」という自分への信頼が高まっていくのです。**

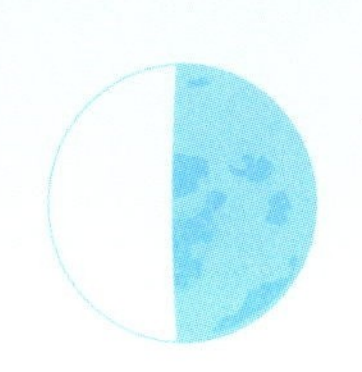

もし、数日経ってもドリームリストが１つも達成できていない！　としたら、それは書いている項目の内容が大きすぎるのです。ぜひ**細分化**することをもう一度意識してみてください。

例えば、「整理整頓する！」と一行で書いてしまうのではなく、部屋のどの部分を整理するのか細かく分けて書くのです。一番上の書類棚、食器棚の右側の引き出し、パソコンの中のデータの研修資料フォルダー、など具体的に細かく書いていくのです。おそらく、整理整頓だけで何行も書けそうじゃありませんか？

では、ここまで書いてきたドリームリストを見直して、必要があれば追加してみてくださいね。

10
満月に向かって

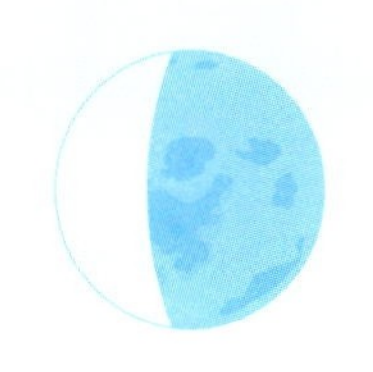

自分の夢を膨らませる　その6
「人間関係・人脈・友情」

今日は満月に向かって、理想の**「人間関係・人脈・友情」**のドリームリストを作っていきましょう！

あなたにとって理想の人間関係はどのようなものでしょうか？今の職場、もしくは属しているコミュニティにおいて、どんな人間関係だと最高でしょうか？

人間関係は、仕事に満足している理由の**トップ３**に入るほど重要な項目です。同時に、仕事に満足していない理由のトップ３にもランキングする項目です。あなた自身の職場の環境を思い浮かべても、そう思いませんか？

また、アメリカの心理学者アブラハム・マズローが提唱している**「マズローの欲求５段階説」**では、第一階層は、生きていく上で必要な「生理的欲求」、第二階層は安全に暮らしたいという「安全欲求」。そしてその次の第三階層は他者とのつながりを求める「社会的欲求」なのです。

だから、人は、他者とのつながりができないと孤独感を抱いたり、社会的不安を感じてしまうものなのです。

イメージに具体性を持たせる

もちろん、人間関係は相手があってのことなので、自分１人では達成できないかもしれませんが、あなたの意識や行動が変わることで現実も変わってくることはよくあります。だから、まずは**自分が望む人間関係を具体的にイメージ**してみましょう。

その時に、つい否定語で書いてしまうことがあるのですが、脳は否定語が認識できないので、使わないように意識してみましょう。（詳しくはp.60参照）

「イライラしない」→「いつもニコニコで仕事ができる！」
「ギスギスしていない」→「軽やかに言いたいことが言い合える」
「人の目を気にし過ぎない」→「いつでも自分らしくふるまえる」

「イライラしない」と思えば思うほど、否定語以外の部分「イライラ」が脳の中に刻まれていってしまうのです。だから、上記のように「〜ない」という否定語を入れない形で書き、脳にそのいいイメージを刻みこみましょう。

これは**今の人間関係だけではなく、まだ出会っていないけれど、こんな関係を築きたい！　出会いたい！　というものも、ぜひ考えてみてください。**

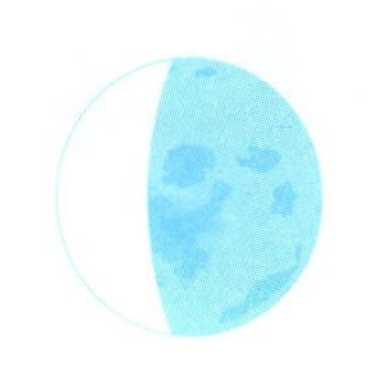

例えば、「世界中に、会いに行けるような友達がいる！」「一生付き合いたいと思うような切磋琢磨できる友人がいる！」「大好きな日本酒を一緒に楽しむ仲間がいる！」のように。

どんな関係性の友達が欲しいですか？
どんなコミュニティに所属していたいですか？
何を一緒にする仲間が欲しいですか？
また、どのくらいの数がいたら嬉しいですか？

星の数ほどたくさんいた方が嬉しいのか、それとも少数でいいので、本当に信頼できる人がいたらいいのでしょうか？

また、どんな頻度でどのように関わっていきたいですか？
いつでも気が向いた時に気楽に電話ができる関係がいいのか、それとも毎週何かを一緒にやりたいのか、もしくは月に１回ぐらいのペースがいいのか？　それとも、頻度は関係なく、会うのも連絡を取るのも不定期だけど、何かの時には必ず時間を作る……さて、どんな頻度が理想なのでしょうか？

具体性にはディテールを持たせて

友達と一言で言っても、きっと様々な関係性があると思うので、それぞれの分野で考えてみるのもお勧めです。職場の人間関係、地元の人間関係、学生時代の人間関係、学びの場の人間関係、ママ友関係、その他あなたにとって必要・大切だと思う人間関係をより具体的に書いてみてくださいね。

理想をより具体的にイメージすると、不思議なくらいイメージしたその通りのご縁ができることが多々あるのです。

今の自分に、そんな素晴らしいご縁なんてできるのかしら？と不安に思ったとしても、可能かどうかは一旦横において、**自分の理想を描いてみましょう！**

また、友人というよりも、もう少し別の関係性として、「メンター的な存在が欲しい！」とか、「ウェブに強いビジネスパートナーが欲しい！」とか、「出版に導いてくれるような人脈が欲しい！」など、今自分が求めている人脈なども書いてみてくださいね。

すると、たまたま交流会でそのような方に出会えたり、紹介してもらえたりと、出会いにつながることも多々起きるのです。

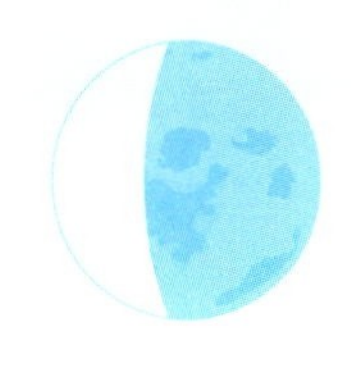

（理想の状態）

「人間関係・人脈・友情」

・世界中に友達がいる！
・毎月、ホームパーティ♪
・切磋琢磨できる仲間がいる
・相談できるメンターがいる
・お金の専門家がいる

↓

（ドリームリスト）

・世界中に会いにいける友達がいる！
　→アメリカにいる！
　→フランスにいる！
・毎月ホームパーティを行う！
　→9月はお月見パーティ
　→10月はハロウィンパーティ
・切磋琢磨できる仲間がいる
　→毎月勉強会で学びを深める
・モデリングしたい素敵な女性起業家の先輩に出会う
・専属のお金の専門家がいる

⋮

人間関係・人脈・友情

【わたしの理想】

	✓	項　目
1		
2		
3		
4		
5		
6		
7		
8		
9		
10		
11		
12		
13		
14		
15		
16		
17		
18		

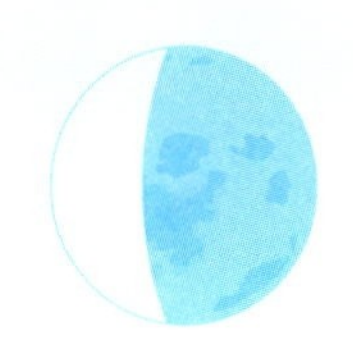

19		
20		
21		
22		
23		
24		
25		
26		
27		
28		
29		
30		
31		
32		
33		
34		
35		
36		
37		
38		
39		
40		

11
満月に向かって

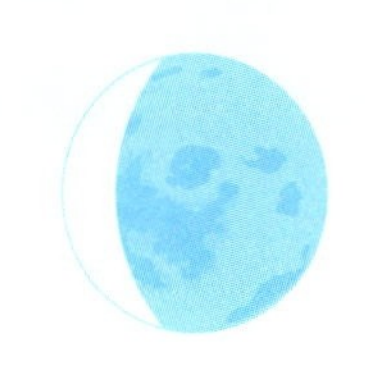

自分の夢を膨らませる　その7
「モノ・体験」

制限の枠を外して考える！

　さて、ここでは純粋に欲しいものややりたいことを貪欲に書き出してみましょう。どのような服を着たいのか、どのような車に乗りたいのか、どのような家に住みたいのか、自分にどのような欲があるのかをどんどん具体的に書いてみましょう！

　例えばどこに住みたいか考える時に、自分の給与だとこのくらいの家賃の場所に……と考えがちですが、**一旦その思考の枠を外して、自由に描いてみましょう**。住みたい場所は１か所でなくてもいいのです。例えば、夏は猛暑を避けて気候のいい軽井沢！　そして寒いのは苦手だから冬は暖かい沖縄！　なんて夢みたいなことだっていいのです。世界中を旅するように暮らしたい！　そのようなことだっていいかもしれません。

　そしてその理想に向けて、どうしたらできるかまでを考える必要はありません。今すぐにではないけれど、**こんな生活ができたら素敵だな～という程度でもいい**のです。

脳は、無理だと思った瞬間から思考を停止する

人は知らないうちに、できなさそうなことは考えないようにする傾向があります。**夢を諦めるまでにどのくらいの時間がかかるか知っていますか？　なんとたったの0.2秒**と言われています。

何かやってみたい！　と思ったとしても、「いやいや、そんなことは私には無理！」と夢を描く前に諦めてしまうことがすごく多いのです。きっとあなたの中でもたくさんあるのではないでしょうか？

無理だと思った瞬間から思考は停止し、その可能性はあなたの中から消えていきます。それは本当にもったいない!!

一旦理想の状況が脳に刻まれると、自分でも想定しないようなミラクルが起きたり、そこに向かうための情報やチャンスをキャッチできるようになってくるのです。**「それは無理だろう……」という思考の枠を外して、本当にあなたが望むことを書き出してみましょう！**

では、**40個ぐらいを目指して書いていきましょう！**　そうすると、8分野トータルで300個を超えます。ぜひ300個以上のドリームリストを持つことを目指して書いてみてください。

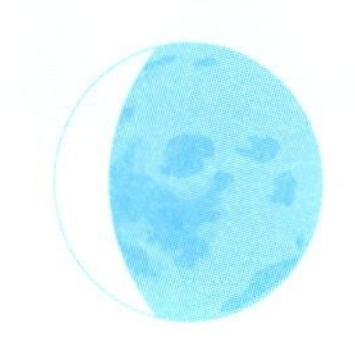

（理想の状態）

「モノ・体験」

・夜、リラックスできる間接照明
・好きな洋服だけでスッキリ
・素敵なキッチンツールを揃える
・ベランダ菜園！
・窓からの景色が素敵な部屋

↓

（ドリームリスト）

・部屋に似合う間接照明を買う
　→ネットで検索する
・洋服の断捨離をする
　→コート類を断捨離する
　→アクセサリーを断捨離する
・キッチンの整理をする
　→食器の断捨離！
・ベランダ菜園を始める
　→花屋で苗を買う
・環境のいい世田谷区に住む

⋮

モノ・体験

【わたしの理想】

	✓	項 目
1		
2		
3		
4		
5		
6		
7		
8		
9		
10		
11		
12		
13		
14		
15		
16		
17		
18		

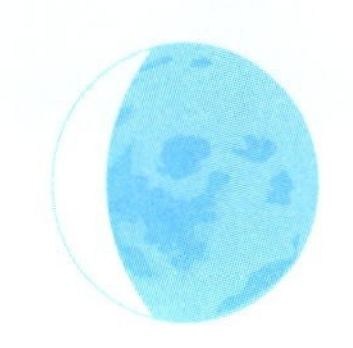

19		
20		
21		
22		
23		
24		
25		
26		
27		
28		
29		
30		
31		
32		
33		
34		
35		
36		
37		
38		
39		
40		

12
満月に向かって

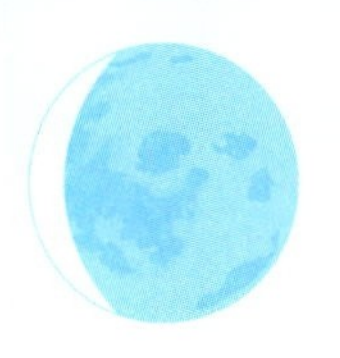

自分の夢を膨らませる　その8
「時間・タイムマネジメント」

「時間の質」は変えられる！

時間だけは、人類誰にでも平等に1日24時間が与えられています。誰も増やすことはできず、また減ることもありません。

でも本当に平等なのでしょうか？

同じ24時間であっても**「時間の質」**が変わることで、全く違った価値を生み出すことができるのです。そう、「時間の質」は人によって雲泥の差があるのです!!

1時間で出せる成果は、その人次第で大きく変わります。1日、1週間、1か月となると、もっとその差は大きくなることでしょう。

そう、「時間の質」を上げることで、同じ1日24時間ですが、あなたの人生をもっと豊かにすることが可能なのです。

5分、10分をあなどるなかれ

さて、あなたは自分の夢を叶えるために、もしくは自分らしく輝くために、どんな時間の使い方をしていきたいでしょうか？　ここでより具体的にしていきましょう。

例えば、「資格試験の勉強をする時間を毎日30分確保する！」とか、「お掃除ロボットを使って家事を効率化する！」とか、「朝早起きをして朝活に参加してから会社にいく！」など具体的に書き出してみましょう！

ここでのポイントは、より具体的に細かく書くことです。

例えば、「スキマ時間を活用する」では、まだ漠然としているので、思いはあるもののなかなか実践するまでに至らないことがあります。「家から駅までの移動時間は英語のヒアリングの時間にする」とか「電車の待ち時間でメールの返信をする」などと具体的に書いておくと、より実践しやすくなります。

スキマ時間にできることを一度リストアップしてみるのもおすすめです。5分なら何ができる？　10分なら？　15分なら？　これを決めておくと、移動時間などでも、なんとなくソーシャルメディアを見たり、ネットサーフィンをしてあっという間に時間が過ぎてしまった……！　ということがぐっと減ります！

睡眠時間だけは削っちゃいけない

また「時間の質」を上げるためには、睡眠時間を削らないことも大切です。

忙しい時ややりたいことが多い時は、つい眠る時間を削って頑張ってしまったり、もしくは、うっかりTVやネットサーフィンにはまり、気づいたら遅い時間になっていた！　なんてこともあるかもしれませんが、寝不足の状態では集中することができません。

集中できないので、普段よりも時間がかかる。だから仕方なく、また遅くまで頑張る……。これはまさに**負のスパイラル**です。それに陥らないためにも、リストを活用してくださいね。

例えば、「パソコンを使うのは23時まで！」とか「スマホは入浴前にOFFにして、あとは読書を楽しむ♪」など。寝る前の時間を大切にすることで、睡眠の質が確実に上がります。

しっかりと睡眠を確保できると日中の「時間の質」もグンと上がります！　詳しくはp.13にも記載してあるので、見てみてください。

また、フリーランスの方や主婦の方など、自分で自由に時間をコ

ントロールできる人は、気づいたら１日が終わってしまった……と思うことはありませんか？　もしくは働いている方でも、何も予定のない休日、やりたいことは色々あったのに、あっという間に１日が終わっちゃった……そんな経験はありませんか？

時間がある時も、意外と上手に使えないものです。時間の質をあげるためには現状把握が大切！　まずは、何に時間を使っているのか、ざっくりでいいので、記録をつけてみると、改善点が見えてきますよ。

また、充実した１日にするためには、**今の自分にとって大切なことは何かを見極めることも大事**です。そう、つまり**優先順位**をしっかりと見極めることです。いくら時間の効率がよくなったとしても、あなたにとってさほど重要でないことに時間を費やしていたならば、それでは充実感は得られないでしょう。

では、書きながら、どんな時間の使い方をしていきたいのか考えてみましょう！

（理想の状態）

「時間・タイムマネジメント」

・朝５時起きで１時間早朝勉強 or 朝活
・ネットサーフィンは 23 時まで！
・移動時間中は英語のヒアリング
・集中と選択でメリハリ
・家事は便利グッズを使って効率化

↓

（ドリームリスト）

・朝５時起きを習慣化する
　→３日間、朝５時起きをする
・朝活に参加する！
　→どこでどのような朝活があるか調べる
・夜 23 時には眠る
　→ 22 時半にはお風呂に入る
・通勤時間（歩き）は英語のヒアリングの時間にする
　→スマホから英語教材を聞けるようにする
・明日すべきことをノートに書き出す
・家庭用ロボット掃除機を購入して掃除の時間を短縮する

⋮

時間・タイムマネジメント

【わたしの理想】

	✓	項　目
1		
2		
3		
4		
5		
6		
7		
8		
9		
10		
11		
12		
13		
14		
15		
16		
17		
18		

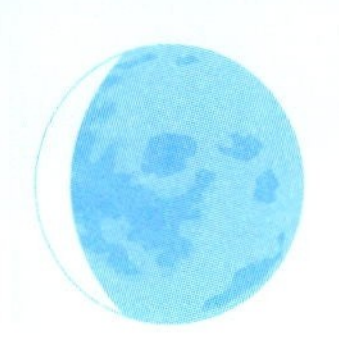

19		
20		
21		
22		
23		
24		
25		
26		
27		
28		
29		
30		
31		
32		
33		
34		
35		
36		
37		
38		
39		
40		

13
満月前日

満月に向けて、もう一度ふりかえる

ドリームリスト300個からよい循環が生まれ始める

さて、明日はいよいよ満月です。満月は、今までに積み上げてきた成果を１つにまとめる日。**その前に一度、ここまで書いてきた８分野のドリームリストを見直してみましょう！**

さて、このドリームリストはトータルでいくつになりましたか？　**300個ぐらいあると、とってもいい循環が起き始めます。**

分野によってはどんどん書ける項目もあれば、なかなか増やせない分野もあったかもしれません。これは、きっちり均等になる必要はないので、増やしやすいところから、引き続きどんどん書いてみてくださいね。

また、どんどん叶い始めるので、「書くと叶う！」というようないい循環が始まるのです！　「これは300個を超えた人にしか味わえない境地ですね」なんて言っている受講生さんもいました。

望みが叶い始める時

さて、今日は今まで書いたところを改めて見直してみましょう！　お月さまが膨らんでいくに連れて、あなたの夢ややりたいこともどんどん具体的に膨らませていきましたが、すでに叶ったことや達成したことはありましたか？

いや、まだ数日だし……と思っている方もいますが、細分化して書いていると、意外とこの数日でもいくつかはすでに達成していたり、叶っているものなのです。その項目にチェックをつけてみましょう！　ちょっとずつでもチェックが入ると嬉しいものです。

さて、何個ぐらいチェックが入りましたか？　**ここでのポイントは細かく書いて、どんどん消していく！**　そしてこの単純作業を繰り返し行っていくと、どんどんワクワクしてきます。

また、それによって脳が**「いい勘違い」**をし始めるのです。**「書いただけなのに、意外とできちゃうじゃん、私！」**って。一旦脳がそう思い始めたら、叶っていくスピードはどんどん加速していきます。

自信のない人が、自信をつけるためには小さな成功体験を積み重ねることが効果的なのですが、まさにこれが小さな成功体験になるのです。リストを書いて、達成したものにチェックを入れてい

く！　その積み重ねを見ることによって、ちょっとずつ自信がついてくるのです。**「自分にもできるかもしれない！」**と自己信頼感が上がり、今まで無意識のうちに諦めていたことに対しても、心の扉を開くようになるのです。

自分の可能性を制限しているのは、あなたの能力ではなく、あなたの思考そのもの。だから、自己信頼感が上がり、私にもできるかも？　と思えた瞬間に、あなたの可能性がどんどん膨らんでいくのです！

もし、この時点でまだ１つも叶っていない、達成していない……としても大丈夫！　あなたがダメなわけではなく、ただリストの項目の内容が大きすぎただけなのです。サンプルを見てもらうと、こんな些細なことでいいの!?　と思えるかと思います。そのくらい**簡単にできるレベルまで細分化**してみてくださいね。

その時に、「ドリームリスト」と名前がついているので、やりたいこと、つまり夢しか書いてはいけないのかと勘違いしがちです。しかし、サンプルを見ると分かるように、夢だけではなく ToDo リストのような項目も入っています。どんどん細かく細分化していくと、必然的に ToDo リストのような項目も出てきますので、躊躇なく入れていってくださいね。

ToDo リストも ポジティブにリストアップ

あなたの夢実現のためには、時にはやらねばならない面倒なこともあるでしょう。だから、**やりたいこと、やらねばならないことは混ざってしまって OK なのです。**

例えば、「英語が話せるようになって、世界中に友達ができる！」というワクワクする夢があったとします。それ自体は本当に望んでいることですが、その過程には「英語を勉強する」というちょっと面倒なこともあるでしょう。だから、そのどちらも書いておくのです。ただし、この「英語を勉強する」ではまだ塊が大きすぎるので、どのように勉強するのか細かくしていってくださいね。

例えば、

「効果的な勉強方法をネットで検索する」
「英語が話せる友人に勉強方法を聞く」
「おすすめの参考書を本屋に見にいく」
「以前買った英語の参考書をもう一度開く」
「いつまでにこの参考書を終えたいかスケジュールを立てる」
「1日15分、この参考書で勉強する」など。

ここまで細かくしていたら、即実行できちゃいますよね。

ただ、ここで「1日15分、この参考書で勉強する」というような習慣にしたい項目は、どのタイミングでチェックを入れたらいいんだろう、と悩みませんか？　**習慣になったらチェックを入れましょう**。

人が新しい習慣を身につけるには、３週間続けることと言われています。習慣的項目に関しては、３週間後の日程を入れておき、そこまで続いたら１回チェックを入れてみるのもいいでしょう。

３週間続くかしら……？　と不安な方は、
まずは、

「１日15分勉強を３日間続ける」
「１日15分勉強を１週間続ける」
「１日15分勉強を10日間続ける」
「１日15分勉強を２週間続ける」

などと細かく数行に分けて書いてみてください。そして、まずは3日達成したら✓！　１週間続けたら✓！　こんな風にしていくと、モチベーションキープに繋がります。

ご自身でピンとくる方法でやってみてくださいね。

14
満月

未来日記　満月のエネルギーを感じながら、未来をイメージする

「未来日記」を書いてみましょう

いよいよ、満月です。満月はお月さまのパワーが一番降り注ぐ日。新月から始まり、月が満ちていくように各ワークを通じて、あなたの夢や想いのイメージがどんどん膨らんできたことでしょう。

今日はその集大成です！
このワークは、楽しくできる上に、夢を叶えるのにとっても効果的なのです。なぜなら、潜在意識に効果的に働きかけることができるからです。にもかかわらず、とっても簡単！　お月さまのエネルギーを受けながら**「未来日記」**を書いてみましょう。

では、**どのように書いたら、効果的な「未来日記」になるのでしょう。書く上での秘訣をお伝えします**。それは以下の３つです。

1）日付は「来年の大晦日」にする
2）その日にタイムトリップした気分で書く
3）嬉しい感情たっぷりに書く

「未来日記」を書くポイント

1つ目のポイントは、未来日記の日付です。成果を出しやすいのは、**「来年の大晦日」**です。なぜかというと、大晦日は、「今年はこんな1年だったな」と1年を振り返る時ですよね？　つまり、12月31日の日記を書くというのは、1年間を振り返るような日記を書くことになるのです。

「今年は念願のハワイに行けて、本当に楽しかったなぁ」
「夢だったお花の仕事につけて、充実した1年だった！」
「大好きな彼と結婚が決まり、結婚式は本当に感動！
最高の1年だったわ♪」

このような感じで、楽しかったことや、嬉しかったことを日記調で書いていくのです。

よかったらサンプルを参考にしてみてくださいね。

ちなみにこのサンプルは数年前に私が書いた未来日記です。書く時は、こんなこと本当に可能なのかしら？　と思ったこともなんと8、9割は叶いました。あなたも遠慮せずにどんどん楽しみながら書いてみてください。

さて、書く上で大切なポイントがあります。**「今年」の大晦日ではなく、「来年」の大晦日にしてください**。なぜなら、「今年」の大晦日を選択した瞬間に、無意識のうちに「年内にできそうなこと」という思考の枠ができてしまうのです。つまり描く夢が小さく限定されてしまいがちなのです。

だから、**必ず「来年」の大晦日にすることが大切なのです**。

2つ目のポイントは、その日にタイムトリップした気分で書くことです。

書いている今日から、未来をイメージして「こうなったらいいなぁ……」ではなく、**大晦日を迎えた気分で書いてください**。あなたは、どこで大晦日を迎えているのでしょうか？　また誰とどんな気持ちで迎えているのでしょうか？　ありありと情景や気持ちを思い浮かべながら書いてみましょう。

実家で家族とほっこりした時間を過ごしているのか、大好きな彼と温泉旅館でまったりくつろいでいるのか、もしくは、海外でエキサイティングな夜を過ごしているのか、さて、来年の大晦日はどこで誰とどんな気分で迎えているのでしょうか？

その情景をありありとイメージしながら、書き始めるのです。

このようにすることで、やりたかったことを完了形でイメージすることができるのです。「……できたらいいな」というような未来形ではなく、「……できてよかった！」という完了形になるので、**潜在意識にはすでにできたこととして書き込まれていく**のです。

潜在意識は意思力の３乗のパワーを持っています。だから、「今年こそ、○○をやるぞ！」と意思の力で頑張ろうとするよりも、はるかに簡単に、そしてスムーズに夢を叶えていくことができてしまうのです。だから、未来日記を書いただけなのに、気づいたら夢が叶っていた！　ということが多々起きるのです。

３つ目のポイントは、嬉しい感情たっぷりに書くことです。

なぜかというと、潜在意識に情報が刻み込まれるには、下記の３つが要素として挙げられ、その１つに該当するからです。

１　一定期間
２　繰り返し
３　感情に触れる

では、この３点を簡単に解説します。

一定期間見ているものや聞いているもの、触れているものは自然と潜在意識の中に入っていきます。

脳の中には、記憶の保管をつかさどる**「海馬」**という部位があります。この「海馬」が、日々受け取っているたくさんの情報の中から、保存すべき大切な情報か、そうでないかを判別して、記憶を保管しています。では、どのようにそれらの情報が大切かどうか判断されるのかと言うと、生命維持のために必要かどうかが最優先されます。

つまり、「これをしたら危険だ！」という情報はしっかりと保存されるのですが、自分の夢ややりたいことなどは生命維持のためにはそれほど重要ではないので、残念ながらあっさりと捨てられてしまうのです。

しかし、その「海馬」を上手に騙す方法があります。

それは、**何度も何度も繰り返し情報を入れる**ことで、「あれ？これってすごく大事な情報なのでは？」と思わせてしまうのです。**そうすることで、「海馬」があなたの夢を記憶として保管をし始めます。つまり潜在意識に刻み込まれるのです。**

だから、年始に掲げた目標や夢は、見返すことがないとあっという間に忘れてしまうのですが、その目標や夢を目につくところに置き、日々目にしていると叶う率がグンと上がるのです。

そして、**大きく感情が動いた時にも、潜在意識に自然と刻みこまれます。**

例えば、「1年前の今日のランチは何を食べましたか？」と聞かれて、あなたは答えられますか？　今日が何か特別な日だったら、覚えているかもしれませんが、ごく普通の日だとしたら、おそらく思い出せないでしょう。

しかし、「1年前の誕生日、何を食べましたか？」と聞かれたらどうでしょうか？　いや、特に何もしなかった……という方は覚えていないかもしれませんが、家族や友人にお祝いをしてもらった方は、きっと記憶に残っているはずです。

「あの素敵なレストランで、こんなに美味しいフレンチ！　もう最高‼」などというように感情が動いた時は、記憶にしっかりと刻まれるのです。

これも実は脳の仕組みなのです。脳の中で感情をつかさどるのは**「扁桃体」**という部分です。「海馬」はこの扁桃体の隣にあり、密接に連絡を取り合っています。

感情が大きく動くと「扁桃体」は活性化され、そして同時に海馬も活性化されます。つまり、感情が大きく動いた時には記憶に刻まれていくのです。

このような理由から、**大晦日の日記をとっても嬉しい感情とともに書くだけで、潜在意識に刻まれていく**のです。そしてこれをもっとしっかりと刻みたいならば、何度も読み返すこと。シンプル

なのにとっても効果的な方法です。

なぜ未来日記が効果的なのかが理解できたところで、あなたの未来日記を書いてみてください。きっと満月のお月さまのパワーがあなたの夢を応援してくれることでしょう。

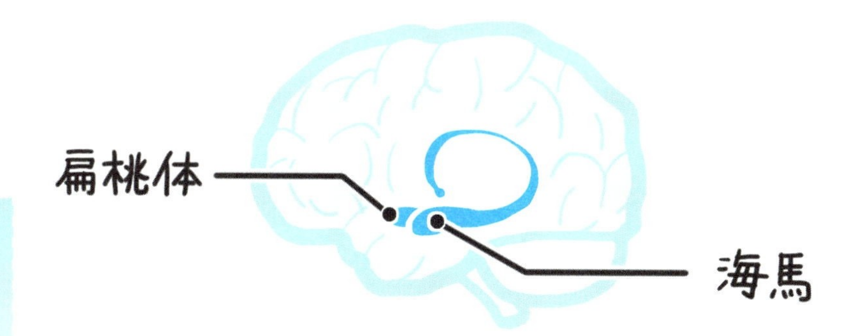

見本

20XX 年 12 月 31 日

今年もいよいよあと数時間。念願の子どもを連れてのドイツへの帰省。

夫、そして夫のお母さんや家族みんなもとっても幸せそう！ 8か月になる子どもも長時間のフライトも想像していたよりも楽だったし、ドイツの家族と過ごせる時間は心温まるとっても素敵な時間。ドイツのクリスマスマーケットも最高！

英語特訓講座で頑張って勉強したおかげで、正しい英語がペラペラになったし、ドイツ語も簡単な会話ならできるようになったので、コミュニケーションが格段に取りやすくなったのが嬉しい‼

この1年、夫との関係も変化し、より深い話ができるようになったり、一緒に子どもを育てる意識から、より家族の絆が深まったなぁ。また私の両親にもたくさん助けてもらい、みんなでこの小さな命を育んできたように思う。この幸せに心から感謝。

そういえば、夫の日本語も急激に成長し、友人も増え、子育てファミリーつながりもでき、本当に楽しい1年だった。

また仕事の方では、5か年計画のビジネスプランも描けて動き出したので、今期は売上1500万円は楽に達成できた！　これも現場を離れて視野を広げて学べたおかげ。このビジネスが広がっていくことで、多くの女性が笑顔になれるキッカケを渡せると思うと嬉しくてたまらない！　私のように悩み続けた人への勇気と希望になるものね。

協力してくれたビジネスパートナーや指導してくれたメンターに心から感謝。また、以前よりも時間にゆとりが持てる最高の生き方だ。一流に触れ、一流の人々とも親しくなれ、どんどん未来が拓かれていく。

そうそう、4月の水中出産は本当に感動的だった。この手で我が子を取り上げる体験を夫と一緒にできたことに心から感謝。先生や助産師さん皆さんに感謝。

この1年、本当にありがとう。

未来日記

Future Diary

年　月　日

15
満月翌日

ドリームイメージ
あなたの未来を形にする！

「未来日記」を書いてみると、今まで考えていなかったことが浮かんできたり、具体的なイメージが湧き上がってきたのではないでしょうか？

今日はそのイメージをより鮮明に刻むために「ドリームイメージ」を作っていきます。

右脳も活性化させる
ドリームイメージを作成する

「ドリームイメージ」では、浮かんできた理想を写真や画像を使って、コラージュを作っていきましょう。写真や画像は情報量が多いので、パッと見ただけでも右脳に刻まれていきます。

今まではドリームリストに文字で書き出してきたので、左脳を使ってきました。このドリームイメージを作ることで、**右脳も左脳も両方をフル活用することができる**ので、どんどんあなたの脳に夢や理想の状態が刻み込めるのです！

ではどのように作っていくのかをお伝えします。このように理想の写真や画像を切り貼りしていくのは、望月俊孝さんの考案した「宝地図」や、一般社団法人ドリームマップ普及協会が提案している「ドリームマップ」など様々な手法がありますが、ここではあまり細かいルールはありません。あなたがこれを見るだけでテンションが上がる！　というような１ページを作れたらそれでOKです。

例えば、**行きたい場所**の写真でもいいですし、あなたの**理想の体型**を貼ってもいいです。また**住みたい家**や、将来自分が**なりたい姿**などもいいですね。例えば、いつか多くの人の前で公演をしてみたい！　と思ったら、**100名の前で話をしているイメージ画像**などを貼ってみましょう。もしくは、幸せな結婚をして子どもを２人授かりたい！　と思ったら、**家族４人でピクニックしているイメージ画像**などもいいかもしれません。

抽象的な写真でもいいです。例えば、私のセミナーの受講生で、**バラの花一輪**をどーんと真ん中に貼っている方がいました。それはバラの花が欲しかったわけではなく、「バラの花のように、たった一輪でも様になるような素敵な女性になりたい」と思って貼ったそうです。

大切なポイントは、あなたがこのページを見るだけでワクワクしてくること！　そのような１ページを作ってくださいね。

見本

見本

あなたの
Dream Image

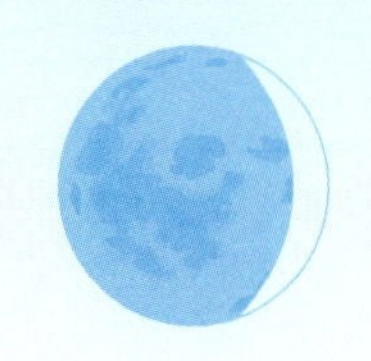

16
下弦へ向かって

睡眠時間活用法　その１
「イメージの力」

今日から下弦の月へ向かっていきます。お月さまがどんどんスリムになっていくのと同様に、**無駄をそぎ落として、よりリアルに夢を実現していくタイミング**です。

満月に向かう時は、どんどん夢を膨らませてきましたが、ここからは本当に大切なことを見極めながら、あなたの夢をぐっと現実化させていきましょう。

自分に必要なものだけを残していく

このタイミングでは、**自分にとって何が大切なのかという「優先順位」を明確にしていくことがとても大切**なポイントです。そして、その「優先順位」の高いことをしっかりとやり遂げていけるように、潜在意識を上手に使っていきましょう。

それには、私がセミナーでお伝えしている**「睡眠時間活用法」**がとても効果的です。**まさに眠っている間に夢を叶える秘訣なのです。**

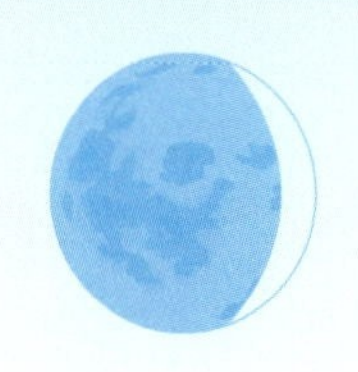

睡眠時間活用法

1）先日作成した「ドリームイメージ」と「ドリームリスト」をざっと見直します。

じっくり見てもいいですし、**さらっと見る程度でも大丈夫です。** 大切なのはそれらを見ながら嬉しいワクワクした気分を味わうことです！

2）明日すべきことを書き出します。

これは仕事の時に**ToDo リストを書くようなイメージです。**その時に、あなたの夢や将来やりたいことへの一歩も盛り込めるようならば入れてみましょう！　ここでは、ちょっと盛り込みすぎたかな？　と思うぐらいでも大丈夫です。

3）書き出したリストの中で優先順位を明確にしていきます。

明日やるべきこと、もしくはやりたいことの中で何が一番重要でしょうか？　そしてその次に何が重要なのか？　と優先順位を１つずつ、つけていってください。

これは自分にとって何が大切なのかを見極めていく大切な作業

です。朝、何から始めるかという順番を書くのではなく「何が一番大切なことなのか」という**重要度**を考えてみてください。

4）ここからは、優先順位に一番をつけたものだけを取り扱っていきます。その理想のゴールをイメージしてみるのです。

例えば、「プロジェクトの会議が大成功に終わり、次の展望が見えた！」など。この時はプロセスは考えなくていいので、最高のゴールだけをイメージしてみましょう！　間違えやすい人が多いのですが、**明日のゴールではなく、優先順位一番のゴールです。**

5）そのゴールに向けて、どんな準備をしたらいいのか、考えられる要素を箇条書きにしてみましょう。

例えば、「配布資料の準備」「会場の準備」「案内のメール再確認」「メンバーの再確認」「考えられる問題点へのアプローチ」「心の余裕」「キーマンへのネゴシエーション」などなど。

6）前述の中で、明日、最初に取り組むことは何ですか？

本当に小さな一歩でいいので書き出してみましょう。例えば、「案内のメール再確認」など。

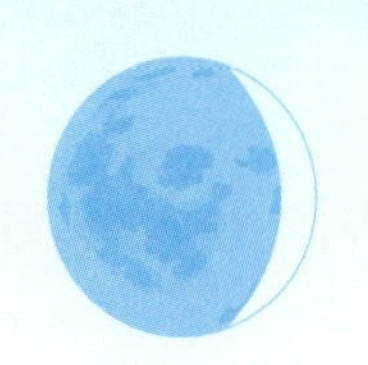

あとはしっかりと眠るだけ！

潜在意識にしっかりと働いてもらうためにも**6時間**は眠るようにしてくださいね。**眠っている間に、最初の一歩から理想のゴールまで脳の中でシミュレーションが始まります。**

脳は実際に経験したことと、イメージしたことの区別がつかないので、眠っている間にイメージしたことも、まさに1回経験したかのように錯覚します。だから、翌日することは、すでにリハーサルが終わった状態になるのです。

おそらくいつもよりもスムーズに事が進むのを感じられるでしょう。また、時には朝、新たなアイディアが浮かぶこともあります！

この時大切なのは、イメージするのは優先順位に一番をつけたことのみに絞ることです。リストにはやや多めに書いてあっていいのですが、4）以降に関しては、一番重要なことのみに絞ってください。

では、実際にこのステップに沿って書いてみましょう！　あとはゆっくりと眠ってください。

見本

睡眠時間活用法

20XX年　6月25日

Step 1 リストアップ　明日すべきことを書き出し、優先順位をつけましょう。

- □ 1 Aプロジェクトの会議
- □ 　↳会場準備
- □ 　↳終了後、議事録作成
- □ 3 佐藤さんへのアポ入れ
- □ 4 データの集計
- □ 5 マニュアル修正
- □ 2 プレゼン資料作成
- □ 9 パソコンのデータ整理
- □ 10 ネイルの予約を入れる
- □ 6 手帳を書く
- □ 8 英語ヒアリング10分
- □ 7 30分読書

Step 2 ゴール　明日一番重要なことは何ですか？　最高にいい状態で実行できたイメージを完了形で書いてみましょう。

プロジェクトの会議が大成功に終わり、
次の展望が見えた！

＊注意：Step 2以降は、明日一日のゴールではなく、優先順位一番をつけた事に関してのゴールのみを書いてください。

Step 3 リソース　その未来に到達するために準備しておいた方がいいリソースを書き出して下さい。

- 配布資料のチェック
- 参加者名簿に目を通す
- 30分前から会場設営
- 考えられる課題のPick up
- 会議室の温度調節
- キーマンへのネゴシエーション
- 今までの議事録に目を通す
- 目指すゴールの明確化

Step 4 最初の一歩　最初に取り組む行動は何ですか？

参加者名簿に目を通す

睡眠時間活用法

年　　月　　日

Step 1 リストアップ　明日すべきことを書き出し、優先順位をつけましょう。

Step 2 ゴール　明日一番重要なことは何ですか？　最高にいい状態で実行できたイメージを完了形で書いてみましょう。

Step 3 リソース　その未来に到達するために準備しておいた方がいいリソースを書き出して下さい。

Step 4 最初の一歩　最初に取り組む行動は何ですか？

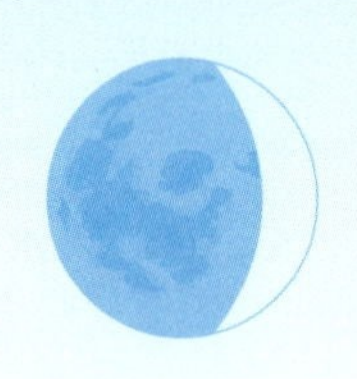

17
下弦へ向かって

睡眠時間活用法　その２
「あなたにとって大切なこととは？」

昨日は、眠りながら夢を叶える「睡眠時間活用法」をお伝えしましたが、いかがでしたか？「優先順位」を明確にすることはできましたか？

「優先順位」を明確にするのは、簡単なことのように聞こえますが、実はとても奥が深い部分なのです。そのため、**本日はもう少し補足説明をしたいと思います。**

「優先順位」をつけるワーク

明日、すべきことが10個あります。優先順位の高いものを１番から順番に並べています。

パターンＡは重要なものは完了しなかったけれど、あとはしっかりと完了できたパターン。パターンＢは、重要なものは完了したけれど、あとは完了できなかったパターンです。

	1	2	3	4	5	6	7	8	9	10
パターンA：	×	×	○	○	○	○	○	○	○	○
パターンB：	○	○	×	×	×	×	×	×	×	×

さて、どちらかしか選べない場合は、あなたはどちらを選びますか？　また、普段はどちらをやっていますか？

パターンＡを選んだ方

一見、やり終えた○がたくさんあるので、達成感などはあるかもしれませんが、実はちょっと危険です。なぜなら、本当に大切なことをやり残してしまっているので、もしかしたら徹夜するハメになるかもしれず、大問題になってしまう可能性だってあります。

でも、意外とパターンＡをやってしまうことは多々あるものです。大事なことと分かっていながらも、少し面倒なことだったり、取り組むのに難しいことだったりすると、つい先延ばしにしてしまう。簡単にできそうなことから手をつけていたら１日が終わってしまった……そんな経験はないですか？

試験勉強をしなくては……と思いつつ、つい部屋の掃除から始めたら、結局掃除だけで終わっちゃった、なんていうのもまさにそのパターンですね。

パターンＢを選んだ方

しっかりと大切なことに取り組めていますね。でも、残りが何も終わっていないなんて……と少し不安になったかもしれません。確かに２つだけというのは極端すぎるかもしれませんが、**本当に大切なことというのは、それほど多くないので、安心してください。**

80：20の法則（パレートの法則）

これについてもう少し説明します。**80：20の法則（パレートの法則）**を知っていますか？　イタリアの経済学者ヴィルフレド・パレートが発見した法則です。組織全体の20％程の人が大部分（80％）の利益をもたらしているというもので、これは経済以外にも自然現象や社会現象など、様々な事例に当てはまると言われています。

例えば、

「売上の８割は全顧客の２割が生み出している」
「社会全体の上位２割（富裕層）が世の中の富の８割を保有している」
「仕事の成果の８割は、費やした時間全体のうちの２割の時間で生み出している」

つまり、**あなたがあれもこれもやらなきゃ！　と思っているものの、本当に成果に繋がっているのはたったの２割にしか過ぎないのです**。つまり、たとえ大半ができなかったとしても**大切な２割をしっかりと抑えていることができたら、物事は順調に進んでいく**のです。

実は私も妊娠中にこの法則を実感しました。妊娠中は体調の変化が大きく、寝てばかり。仕事も通常の 1/ ３ぐらいしかできませんでした。焦りもありましたが、体調ばかりはどうにもできなかったので、「今日絶対にしなくてはいけないことは何か？」をとことん考えて、最低限しか仕事をしませんでした。私は売上が下がることも覚悟していたのですが、驚くことに売上が伸びたのです！

そう、大切な２割だけにフォーカスをしたら、なんと売上アップしたのです。

だからこそ、本当に大切なことは何かを見極めていくことが大切。では、**今日も昨日と同じステップで「睡眠時間活用法」を書いてみるのですが、優先順位をしっかりと考えてみてくださいね。**

睡眠時間活用法

年　月　日

Step 1 リストアップ　明日すべきことを書き出し、優先順位をつけましょう。

- [ ]
- [ ]
- [ ]
- [ ]
- [ ]
- [ ]
- [ ]
- [ ]
- [ ]
- [ ]
- [ ]
- [ ]

Step 2 ゴール　明日一番重要なことは何ですか？　最高にいい状態で実行できたイメージを完了形で書いてみましょう。

Step 3 リソース　その未来に到達するために準備しておいた方がいいリソースを書き出して下さい。

・
・
・
・
・
・
・
・

Step 4 最初の一歩　最初に取り組む行動は何ですか？

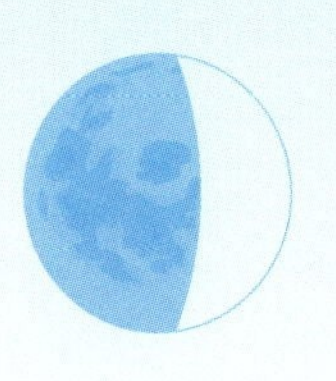

18
下弦へ向かって

睡眠時間活用法　その3
「時間管理マトリクス」

「優先順位」を明確にしていくことの大切さは理解できたかと思いますが、実際の「優先順位」の見極めは意外と難しく、おそらく日々試行錯誤をしていく必要があるかと思います。

例えば、急ぎの用件と重要な用件。どちらがあなたにとって本当に大切にすべきなのでしょうか？　明確な答えはここにはありません。その時々に応じて、あなたが判断していかなくてはならないのです。

「時間管理マトリクス」

大切なことを見極めていく時に、スティーブン・R・コヴィーの「７つの習慣」でも取り上げられている**「時間管理マトリクス」**がおすすめです。時間管理マトリクスとは、**『緊急度』**と**『重要度』**の２軸で切り分け、**４つの領域**に分けて考えていきます。

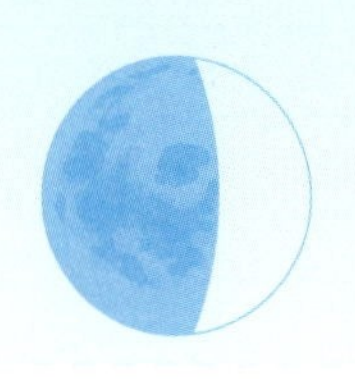

	緊急	緊急でない
重要	**ゾーンA**	**ゾーンC**
重要でない	**ゾーンB**	**ゾーンD**

あなたにとって最初に取り組むべきことは、「重要」かつ「緊急」の**ゾーンA**にあるものだというのは、明確でしょう。**ではゾーンAがない場合、ゾーンBとゾーンCでは、どちらの優先順位を高くしたらいいのでしょうか？**　これも、その時々によって違うことでしょう。

しかし意識していないと、ゾーンBにある急ぎの用件にばかり手をつけてしまいがちです。自分にとっては重要でもないことに時間ばかりが取られて、結局1日が終わってしまった……そんな経験はないですか？　例えば、メールの返信、頼まれたちょっとした仕事、書類の整理、など。

そして、**本当は自分にとって大切なのに、結局いつも時間がなくて先延ばしになっていることはないですか？**　そう、**まさにあなたの夢や将来やりたいことへの一歩などがゾーンCにある**のです。「いつか時間ができたらやろう！」なんて思っているといつまで経ってもできないままです。

だからこそ、今、自分にとって何が本当に大切かを見極めていくことが、人生を豊かにする秘訣なのです！！

ゾーンCの項目に
着手できるかが人生の鍵

また、ゾーンCを放置しておくと、ある時突然それがゾーンAに移動してしまうこともあります。例えば、健康は大事！　と思っていながらも、つい無理をしてケアを怠っていた場合、ある日倒れて緊急入院することになったり……。もしくは、家族のことは大事と思いながらも、仕事が忙しくてつい後回しにしていたら、ある日突然、離婚届を突きつけられた！　なんてことも実際にあります。

ゾーンAにたくさん項目があるのは、まさに時間に追われている状況。自分で時間をコントロールできるようになるためには、ゾーンA増やさない。つまり、**普段からどれだけゾーンCの項目に着手できるかが鍵なのです**。

これらを踏まえた上で、明日一番重要なことは何なのか？　自問自答しながら優先順位の見極めをしていってくださいね。

また、通常のToDoリストと大きく違う点が1つあります。

それは、**このリストでは、やり残しがあってもOK!!**　なのです。通常のToDoリストでは、その日のうちにすべきことを書き出し、それを全て終えて1日を終えるべき！　とされていますよね。でもここでは、書いて残ってもOK!!　なのです。

なぜなら、リストを書くことで潜在意識に刻まれていくので、**「今日すべきこと＋できたら嬉しいなぐらいのこと」**も一緒に書いておき、近々やるよ〜というのを潜在意識に刻んでおくのです。そうすることで、もしかしたら前倒しでできてしまうこともあります。

これを行っていく上で**絶対にNGなのが、できなかった自分を必要以上に責めること**。リストを全部やりきれなかった私はダメな人……と自分にマイナスのレッテルを貼ってしまうのはすごくもったいないです。そう思ってしまえばしまうほど、どんどんダメな自分になっていってしまうからです。

ちゃんと大切な1つはやり遂げられた！　あとはできてもOK! できなくてもOK!　ぐらいの気持ちで取り組んでいってくださいね。これを日々続けることで、「優先順位」の明確化がどんどんできるようになっていきます。

では、**今日も「睡眠時間活用法」のステップを、明日のスケジュールを考えながら書いてみましょう！**

この本では、この3日間しか書くページがありませんが、この手法はとっても効果的なので、ぜひ毎日続けてみてくださいね。もしこのノートだけが欲しい方はサイトからも購入することが可能です。(https://bit.ly/2DwKBll)

睡眠時間活用法

年　月　日

Step 1 リストアップ　明日すべきことを書き出し、優先順位をつけましょう。

□
□
□
□
□
□
□
□
□
□
□
□

Step 2 ゴール　明日一番重要なことは何ですか？　最高にいい状態で実行できたイメージを完了形で書いてみましょう。

Step 3 リソース　その未来に到達するために準備しておいた方がいいリソースを書き出して下さい。

・
・
・
・
・
・
・
・

Step 4 最初の一歩　最初に取り組む行動は何ですか？

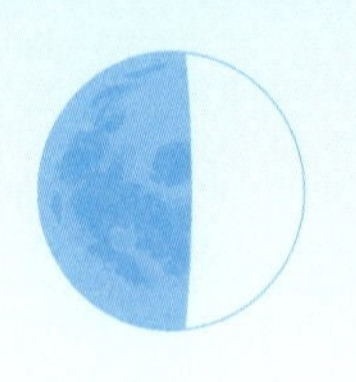

19
下弦の月

夢に向かって、余計なものをそぎ落とす！
その１「ネガティブな思い込み」

下弦の月から新月に向かって、お月さまがほっそりしていくようにあなたも不要なものをそぎ落としていきましょう。不要なものとは何でしょうか？　例えば、**「不安な気持ち」**や**「自分に対する不信感」**などです。

この本に書き込みながらも、心のどこかで**「本当に叶うのかな？」「やっぱり私には無理なのでは？」**などと思ってしまったことはありませんか？

潜在意識を「上書き」して
バージョンアップ

今までの失敗や嫌な体験が潜在意識の中に刻まれていると、「また今回もダメかも」と無意識のうちに思ってしまいます。

そして、その思い込みが、あなたの夢ややりたいことへのブレーキになってしまうことがあります。だからここでは、そのような不要なものを取り除いていきましょう。

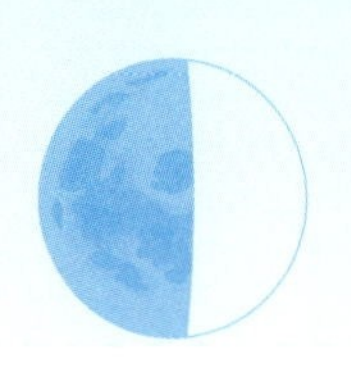

では、どのように扱っていくのかをお伝えします。

実は残念なことに、一度潜在意識に刻まれた情報は消すことができません。でも安心してください！　**潜在意識の情報は「上書き」することが可能なのです。**いい情報を何度も何度も刻み込んでいけば、ネガティブな情報を上書きすることができ、何の問題もなくなるのです。

例えて言うと、このようなイメージです。
インターネット上で検索した時のことを思い出してみてください。あなたが調べたいキーワードを入力し、その時、上位表示されるのはアクセス数の多いものですよね？　そして、アクセス数の少ないページは存在していながらもなかなか表示されません。

要はそれと同じで、**いい情報を何度も刻み込み、アクセス数を上げていけば、それがネガティブな情報よりも上位に表示されるようになるのです。**そうすれば、たとえネガティブな情報が残っていても、上位表示されるのはいい情報なので、何も問題ではなくなるのです。つまり、不要なものを取り除いたのと同じ状況になってくるのです。

潜在意識の書き換え方

では、早速やってみましょう。

1）今、自分の中にはどのような不安やネガティブ情報がありますか？　一度自己認識する上で、書き出してみましょう。

例）
・私はいつも中途半端だ。
・私は結局何も変われない。
・私は結婚できないかも。
・自分らしく輝きたいけれど、特別な才能や経験がないから難しい。
・私はいつも時間がなくてバタバタだ。

少し嫌な気持ちになったかもしれませんが、これらを今から上書きしていきましょう。

2）出てきたネガティブ情報を、心が楽になるような言葉に書き換えましょう。

思い切って真逆に言い換えてもいいですし、ややプラスになるようなポジティブな言い方に変えても OK です。

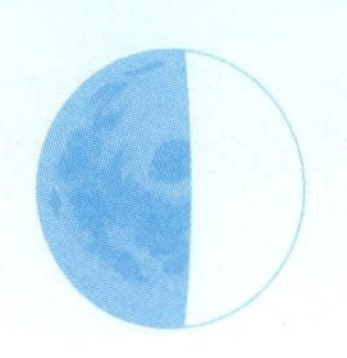

→私はちゃんとやり遂げられる！
→私はきっと変わることができる！
→私だって幸せな結婚ができる！
→私は自分らしく輝ける！
→私は時間と心に余裕がある！

こんなだったら素敵！　いい感じ！
そのような言葉に書き換えてみましょう。

ここで、1つ注意して欲しい点があります。それは、書き換えをする時に**「否定語」**を使わないでください。なぜなら、脳は「否定語」を認識できないからです。（p.60参照）

だから、人の目をいつも気にしすぎてしまう、と悩んでいる方が「人の目を気にしない！」と書き換えるのはNGです。「ない」を認識できないために「人の目を気にする」だけが脳にインプットされてしまうからです。

3）あとは書き換えた心が楽になる言葉を、何度も自分に言い聞かせていくのです。

アファメーションのように日々声に出して自分自身に言い聞かせていくと効果的です！

Way of Thinking
マインドセット

見本

私は、自分らしく行動できる！

私は、いつも余裕を持って到着できる！

私は、肝心なところでは本領発揮できる！

私は、良いタイミングで行動できる！

私は、細やかな配慮ができる！

私は、直感で動くことができる！

私は、要領がいい！

私は、ちゃんと目標を達成できる！

私は、心から愛せる人に出会える！

私は、本当に好きな人と結婚できる！

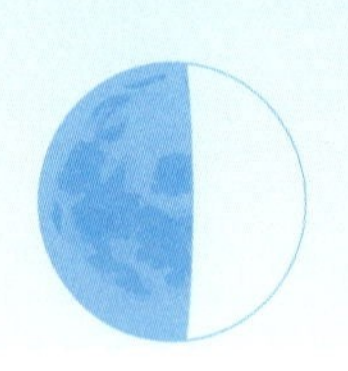

Way of Thinking
マインドセット

私は、

私は、

私は、

私は、

私は、

私は、

私は、

私は、

私は、

私は、

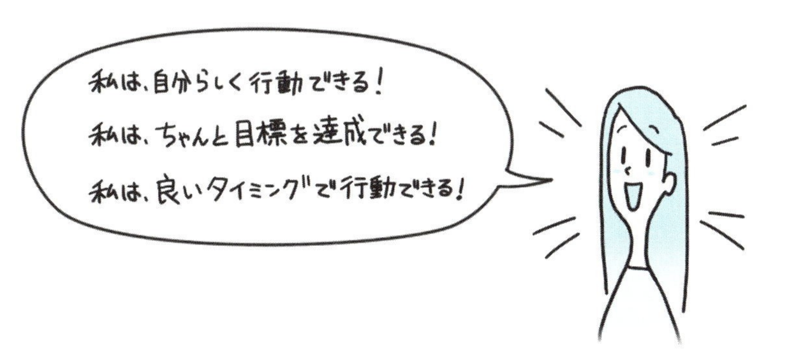
私は、自分らしく行動できる！
私は、ちゃんと目標を達成できる！
私は、良いタイミングで行動できる！

20 新月へ向かって

夢に向かって、余計なものをそぎ落とす！
その2「お金への思い込み」

昨日は自分の中にある不安な気持ちやネガティブ情報を上書きしましたが、今日は**その中でも「お金」にフォーカスを当てていきます**。

「お金」に関しては、自分の育った環境によって、様々な思い込みや概念が潜在意識の中に刻み込まれています。その情報は、**無意識のうちにあなたに大きな影響を与えている**のです。だから、もし好ましくない情報が刻まれているようだったら、ここでどんどん手放していきましょう。例えばこのような思いはありませんか？

- **私はお金に恵まれていない。**
- **入るとすぐに使ってしまい結局手元に残らない。**
- **苦労しないとお金は手に入らない。**
- **好きなことでは稼げない。**
- **いつもお金がない。**

そして、思った通りの現実がやってくるのです。

そう思っているとまた同じような現実を引き起こしてしまうのです。それがまさに自己啓発で有名なナポレオン・ヒルのいう**「思考は現実化する」**なのです。

思い込みを手放すかは、自分で決める

さて、**あなたの中にあるネガティブな思い込みは誰の影響でしょうか？** 少し思い返してみてください。

多くの方は両親だったり、一緒に住んでいる祖父母だったり、身近な人の影響を受けていることが多いです。

例えば、小さい頃、両親がお金のことでいつも喧嘩していたのを見ていて、お金は人間関係を悪くする、と思い込んでしまったのかもしれません。もしくは、**「お金はお金持ちのところにしかいかないの！　うちにはお金がないのよ」**と母親が日々愚痴っていたのかもしれません。
または**「お金は汗水垂らして稼ぐものなの。だから無駄遣いしちゃダメよ」**と教えてくれたのかもしれません。いずれにしろ、身近な誰かの影響を受けて、あなたの中にお金の概念ができあがってきたのです。

さて、**その思い込みや概念をずっと持ち続けたいですか？**

持っている限り、同じような現実が繰り返されます。自分にとって本当に必要なものだったら大切にすべきですが、そうでないなら、ここで手放してしまいましょう。

思い込みを書き換える方法

では、**まず自分の中にどのような「お金」に対する思い込みや概念があるか書き出してみましょう。**これは片付けの方法でもよく言われるように、一旦全部を棚から出して、必要なものだけを棚に戻していくイメージです。まずはいいものも悪いものも含めて全部書き出してみましょう。

そして、ネガティブなものや厄介なものに関しては、昨日同様に心が楽になるような言葉に書き換えをしましょう。そして、いいイメージや素敵な概念だけをあなたの中に残すようにしていくのです。

これらの言葉も日々自分に言い聞かせていくといいでしょう。そうあなただけの「お金」のアファメーションが完成したのです！

では、サンプルを見ながらでいいので、書いてみてください。

Way of Thinking
マインドセット

私は、お金に恵まれている！　豊かだ！

私は、しっかりと貯蓄や資産形成ができる！

私は、楽しくお金を稼ぐことができる！

私は、好きなことだからこそ、稼げる！

私は、必要に応じてお金の話もできる！

私は、大きなお金を受け取る価値がある人間だ！

私は、お金の管理が得意♪

私は、いつでもお金に余裕がある！

お金は、心を豊かにさせる！

お金は、感謝の総量！

Way of Thinking
マインドセット

私は、

私は、

私は、

私は、

私は、

お金は、

お金は、

お金は、

お金は、

お金は、

21
新月へ向かって

夢に向かって、余計なものをそぎ落とす！
その3「人生への思い込み」

今日は、あなたが「人生」に対して、ブレーキになるような思い込みがないかを探っていきましょう。そして、もしあったならば、それも手放していきましょう。

例えば、以前の私は**「いいことの後には必ず悪いことがある」**と心のどこかでいつも思っていました。だから、付き合っている彼とうまくいってる時や、仕事が順調な時には、嬉しい気持ちと同時に不安がありました。**「すごく幸せだけど、いいことばかりなんて続かないんだから……」**と思っていたからです。

そのように思っていると、思っていた通りに状況は悪化していくのです。彼の態度が急に冷たくなったり、仕事では思わぬところから非難されたり。そして**「やっぱりね、いいことは長くは続かない」**という思い込みがより強化されていきました。

このように、**あなたが「人生」をどう捉えているか次第で、あなたの人生は大きく変わっていきます**。なぜなら「思考が現実化」するからです。

赤色のものはいくつある？

思考が現実化するとは、どのようなことなのか？　簡単に説明してみたいと思います。では、実感してもらうために、今からある実験をしてみましょう。

今から約 30 秒間、あなたの周りをよく見回して、
赤色のものを探してみてください。

さて、いくつ見つけられましたか？　きっと何個かは見つけることができたことでしょう。ではそのまま目をつぶって、黄色のものはいくつあったか思い出してみてください。

「え？　黄色……？　今、赤しか見ていなかったから……」。意識していないと、たとえよく見ていたとしても、他の情報は意外と入ってこないのです。

人は意識していることだけをキャッチして、意識していないことは、たとえ目の前にあっても見落としてしまう生き物なのです。

つまり、「私の人生はいいことばかり！」と思っている人は、いいことばかりに目が向きますし、「私の人生は辛いことばかり……」と思っている人は辛いことばかりに目が向くのです。

同じ出来事に遭遇しても捉え方は全く変わってくるのです。

また、私が教えている講座の中では**「今日引き寄せたこと、もしくはよかったことを毎日３つ書き出す」**というトレーニングを課題にしています。受講生は「普通の毎日だし、３つも書けるかしら」と最初は不安そうでしたが、１か月間続けているうちに、どんどん気持ちが前向きになり、**好循環**を起こし始めるのです。

これは**意図的にいいものに目を向けたことで、小さないいことにも気づける**ようになり、そして**「私の人生、結構いい感じ♪」**と思い始めることで、本当にどんどんいいことが起き始めるからです。

これこそが、思考が現実化するということです。
では、あなたは「人生」をどのように捉えているでしょうか？

マインドセット

人生は、ワンダフル！

人生は、予想ができないから楽しい！

人生は、味わい深い！

人生は、楽しいことばかり！

人生は、彩り豊かだ！

人生は、いいことばかり！

人生は、楽しく成功できる！

人生は、幸せオーラに包まれている！

人生は、一瞬一瞬の積み重ね！

私の人生は、オモシロイ！

Way of Thinking
マインドセット

人生は、

人生は、

人生は、

人生は、

人生は、

人生は、

人生は、

人生は、

人生は、

人生は、

22
月隠（つごもり）

1つのサイクルがここで終わる

月隠（つごもり）は月が細くなり、見えなくなるタイミングです。ここではエネルギーが降下するので休むことが大切です。

海は大潮の準備がされているように、人間の体内では水分が増し、動くことが億劫になります。また眠気も襲ってくるかもしれません。これはまさにお休みする時だよというサインなのです。

もしかしたら、逆に「目標をクリアしたい！」という気持ちも湧き上がってくるかもしれません。これは月のサイクルが終わるのと同様にあなたの中で完了させたいという気持ちなのかもしれませんが、ここは無理をせずに休んだ方が賢明です。

ちゃんと休んだ方が、新月から新たなスタートが切れるので、心静かに休みましょう。未来日記を読み返してみたり、ドリームイメージを眺めながら自分をいたわってあげましょう。

この時「これはできたけど、あれがまだできていない」というようなジャッジをするのではなく、ただただ素敵な未来を想像しながらほっこりとした気持ちになってもらえたらと思います。

そして、今感謝できることを書き出してみましょう。

自分の健康にでも、家族やご先祖様に対してでもいいです。もしくは庭の花が綺麗に咲いているというような些細なことでもOKです。

そして目を閉じて深い呼吸とともに、感謝の気持ちを感じましょう。その時、ヒーリングミュージックをかけても、風の音を感じてもいいです。また、お香やアロマを焚いてもいいでしょう。

感謝の気持ちとともに、リラックスした時間を過ごしましょう。

With my feelings of gratitude

感謝のことば

本書を手に取ってくださり、誠にありがとうございます。

出産後、導かれるように始めた活動が、このように1冊の本になり、多くの方の手にお届けできるようになったことを、心から感謝しています。

この本が、あなたの人生を好転させるキッカケになると信じて書きました。「ほんと？」という気持ちも湧くかもしれませんが、見えない力を信じてワークをやってみてください。

私はセミナーを通して沢山の奇跡を見てきました。

「私なんて……」と自分に自信が持てなかった方が、急に結婚が決まったり、「やりたいことが分からない」と悩んでいた方が、ふと自分の進みたい道が見えてきたり、努力とは別の次元で願いが叶っていく——、そんなミラクルをたくさん目にしてきました。

あなたが信じて続けていれば、お月さまの魔法はかかります。

「そろそろ頑張りすぎるのを手放して、大きな流れに身を委ねながら、もっと自由にもっと楽しんで！」
これはあなたに、そして自分自身にも伝えたいメッセージ。

ワクワク、妄想を楽しみながら、この本にどんどん書き込んでもらえたら嬉しいです。

その楽しい時間とワクワクする気持ちが、きっとあなたを望む世界に導いてくれることでしょう。

あなたの本当の輝きがどんどん発揮され、この人生を満喫できることを心から願っています。

最後に、この本ができたのは、株式会社 Clover 出版ファウンダー会長の小川泰史さん、代表取締役 編集長の小田実紀さん、デザイナーの安藤美穂さんの多大なるご支援のおかげです。また、色々とご指導くださった松永修岳先生、中井隆栄先生、樺沢紫苑先生、そして日々、私を支えてくれた家族や、仲間のドリームプランナー認定トレーナー、セミナーの受講生さん達に、この場を借りて、心から感謝申し上げます。

ティッツェ 幸子

ティッツェ 幸子

脳科学を取り入れた夢ノート「ドリームプランナー®」創設者
株式会社サクセスアライアンス　代表取締役

大手企業に勤めながらも、自分が本当にやりたいことが分からず、悶々とした会社員時代を10年過ごす。その後「コーチング」に出会い、2007年米国CTI認定プロフェッショナル・コーアクティブ・コーチ取得。これは天職だと意気揚々と独立を決めるが、それがキッカケで離婚。そんなドン底の時に「未来日記」を書いたところ、仕事もプライベートも好転し、ドイツ人の夫との運命的な出会いを経験する。

脳科学を1年半学び、「未来日記」が夢を叶える秘密を見つけ、オリジナル夢ノート「ドリームプランナー®」を開発。

その活用法を伝えるセミナー受講生は1000名を超え、受講生から「結婚が決まった！」「転職に成功した！」と嬉しいニュースが続々と届いている。なかでも、眠りながら夢を叶える「睡眠時間活用法」は人気が高く、効果抜群！と好評。

また、月の満ち欠けに合わせて断食をしたり、満月護摩に参加することで、夢が叶う速度が加速することを感じ、月の満ち欠けのオリジナルカレンダーを制作し、セミナーも実施。現在は全国にドリームプランナー®認定トレーナーを育成中。

【HP】
http://www.success-al.jp/dp/

参考文献

『夢をかなえる月の魔法』川島真紀 著（WAVE 出版）2010 年

『月のリズムセラピー』城谷朱美 著（日貿出版社）2006 年

『MOON BOOK 2017』岡本翔子 著（ディスカヴァー・トゥエンティワン）2016 年

『月と暮らす。』藤井旭 著（誠文堂新光社）2011 年

『[魂の願い] 新月のソウルメイキング』ジャン・スピラー 著, 東川恭子 翻訳（徳間書店）2003 年

『月ヨガ 心とカラダを整える 28 日間浄化メソッド』島本麻衣子 著（講談社）2012 年

『スタンフォード式 最高の睡眠』西野精治 著（サンマーク出版）2017 年

『SLEEP 最高の脳と身体をつくる睡眠の技術』
ショーン・スティーブンソン 著, 花塚恵 翻訳（ダイヤモンド社）2017 年

『一流の睡眠「MBA ×コンサルタント」の医師が教える快眠戦略』
裴英洙 著（ダイヤモンド社）2016 年

『脳のパフォーマンスを最大まで引き出す　神・時間術』
樺沢紫苑 著（大和書房）2017 年

『1 日を 48 時間にして夢をかなえる――あなたを必ず成功させる魔法のランプの使い方』
中井隆栄 著（ユウメディア）2005 年

『7 つの習慣――成功には原則があった！』
スティーブン・R・コヴィー著, ジェームス・スキナー 翻訳, 川西茂 翻訳（キングベアー出版）1996 年

『自動的に夢がかなっていく ブレイン・プログラミング』
アラン・ピーズ 著, バーバラ・ピーズ 著, 市中芳江 翻訳（サンマーク出版）2017 年

『「成功曲線」を描こう。夢をかなえる仕事のヒント』石原明 著（大和書房）2007 年

『幸せを呼ぶ快眠ヒーリング』三橋美穂 著（日本実業出版社）2005 年

『脳が若返る快眠の技術』三橋美穂 著（KADOKAWA）2015 年

『海馬　脳は疲れない』池谷裕二 著, 糸井 重里 著（朝日出版社）2002 年

本文デザイン協力／&i Design 安藤美穂
装丁／冨澤 崇（EBranch）
本文イラスト／滝本亜矢
校正協力／大江奈保子・伊能朋子
編集・本文design & DTP ／小田実紀

願いを叶える「月眠り」の魔法

初版1刷発行 ● 2019年6月25日

著者

ティッツェ 幸子（さちこ）

発行者

小田 実紀

発行所

株式会社Clover出版

〒162-0843 東京都新宿区市谷田町3-6 THE GATE ICHIGAYA 10階　Tel.03(6279)1912　Fax.03(6279)1913
http://cloverpub.jp

印刷所

日経印刷株式会社

ISBN978-4-908033-29-2　C0011

本書の内容に関するお問い合わせは、info@cloverpub.jp宛にメールでお願い申し上げます